管家琪教作文

創意作文10課通

作者◎管家琪　繪圖◎賴　馬

【寫在前面】作文並不難，還是有一定的辦法

◎管家琪

想要表現創意，必須先懂得掌握好「基本功」。

比方說，西班牙著名畫家、也是二十世紀前衛藝術的領導者畢卡索（1881-1947），他的畫作也不是從一開始就那麼地前衛，那麼地新奇多變，當年他也認真習畫，也是在一步一步、一個階段一個階段逐漸掌握了繪畫的諸多基本技巧之後，才能在這種扎實的基礎之上推陳出新，開創屬於自己獨特的畫風。

作文也是一樣，唯有先把基本功練好了，並能融會貫通、揮灑自如，再配

合一顆自由的心靈，才有機會表現出創意。

這本書和小朋友談的就是有關作文的「基本功」，也就是一些關於如何寫好一篇作文最基本的方法。

首先，我將作文的基本功分為九個重點，再配合最後的「自我審查」，一共是十個課程。

其次，為了達到「引導」而不是「填鴨」，我設計了「創意作文Q&A」、「動動腦」、「作文DIY」等幾個不同的單元，從多方面入手，一方面協助小朋友自學，一方面也提供師生討論和互動的方向。特別要說明的是，在「創意作文Q&A」單元中的許多問題，都是小朋友真實的提問，也都是一些很有代表性的問題，是我近年來在兩岸三地以及馬來西亞、新加坡等地和小朋友交流時，最常遇到的問題。

大家一定要有信心，作文並不難，作文還是一定有辦法的。

【目錄】

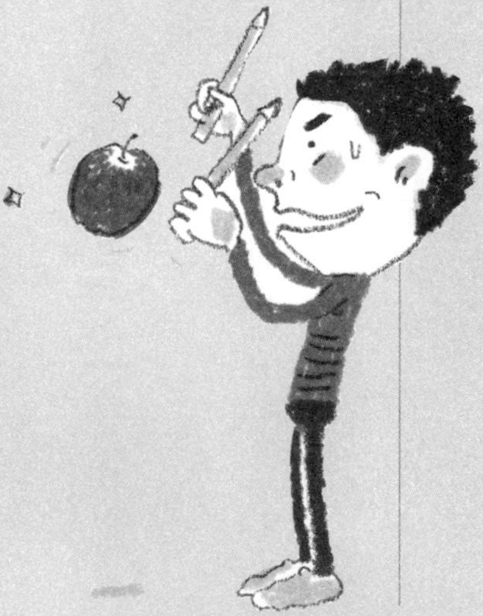

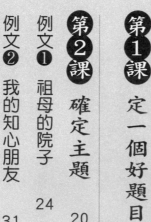

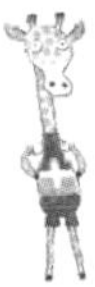

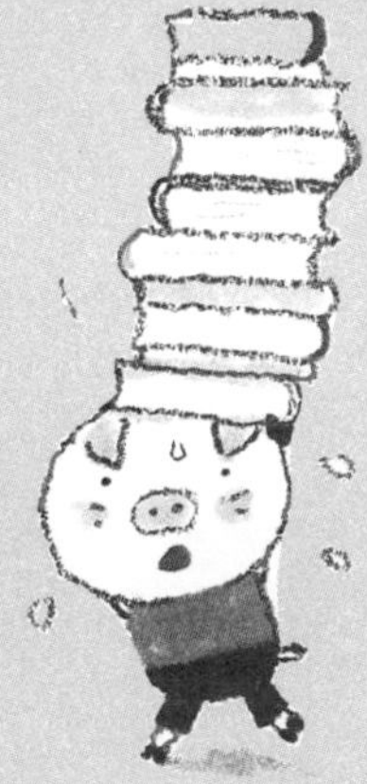

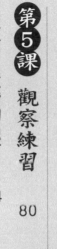

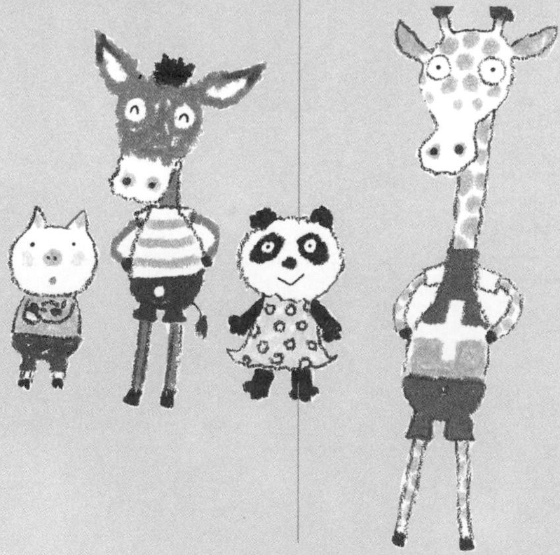

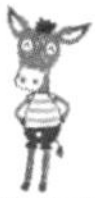

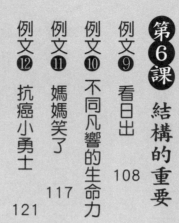

第1課 定一個好題目

有一種相當普遍的說法是說，當我們剛到一個新環境，或是要與某一個特別重要的人見面時，

應該盡可能讓別人有一個良好的「第一印象」。

確實是如此，「第一印象」好不好不但會影響別人對我們的看法，也會影響別人願不願意多花一點時間來認識我們，和我們在一起。

我們在看別人的時候，「第一印象」也是很重要的。

當然，所謂的「第一印象」不見得只是漂不漂亮、可不可愛（儘管外表出色的確比較吃香），整潔、有禮貌、有精神、面帶微笑、舉止合宜、和別人說話的時候能夠正視對方等等，都能讓別人留下一個良好的「第一印象」。

一篇文章也有所謂的「第一印象」。讀者對這篇文章的「第一印象」不錯，自然就會產生想要閱讀的興趣。

文章的「第一印象」是什麼呢？就是題目。

題目確實也是文章的一部分，甚至可以說是很重要的一部分，因為題目與

文章的重心和風格（可能是作品的風格，也可能是作者的風格）都有著非常密切的關係。從題目確實可以反應出不少有關於整篇文章的重要訊息。

大家應該都有過這樣的經驗：如果碰到一個好題目，會立刻精神一振，腦筋好像能轉得特別快，一下子就冒出一些想說的話和想說的事。

相反的，如果碰到一個沒意思、老掉牙的題目，別說很難引起別人的閱讀興趣，恐怕就連自己也都懶得寫呢，這樣勉強硬著頭皮寫出來的文章，想要寫得好也是很困難的。

如果能為文章定一個好題目，可以說是一個好的開始，為寫

好文章踏出了重要的第一步。

什麼才是好題目呢？

⑴恰當。

題目和文章的內容、重點要能相符，不能一味追求聳動，結果卻弄得標新立異或不著邊際。

⑵簡潔。

盡可能讓人一目了然（但並不是一眼就看透）。

⑶生動，新穎。

盡可能讓人感覺到耳目一新，對於閱讀這篇文章產生一些期待。

創意作文Q&A

Q：是不是非得先定好題目才能開始寫？

A：那倒也不一定。有的時候，我們能確定一個主題，知道自己想寫哪一個人或哪一件事，卻一時無法定下題目，這個時候不妨先把哪些可以考慮使用的題目統統寫下來，然後集中心力先把文章寫出來，等到文章寫好了，再根據已經寫好的文章以及那些備選的題目放在一起重新思考，決定要用哪一個題目，或者你會又想到一個更好的題目，甚至根據這個最為理想的題目，把整篇文章重新修改一番。

Q：這樣改來改去不是很麻煩嗎？

A：好文章都應該是經得起千錘百鍊的，不能怕麻煩呀！你所看到的報章雜誌上刊載的每一篇文章，你所閱讀的每一本書，都不可能是作者的第一稿（就是第一次寫出來的樣子），而都是經過反覆修改的。俄國大文豪托爾斯泰（1828-1910）曾經說過：「寫作的祕訣，無非就是修改、修改再修改。」這種追求精益求精的精神，很值得我們效法。

Q：如果真的碰到那些老掉牙的題目，又非寫不可，該怎麼辦呢？

A：若碰到這樣的情形，以下是三點建議：

⑴把過去看過的相同題目的文章先統統拋開。

⑵若實在拋不開，就當成是一個參照，用來隨時提醒自己待會兒千萬不要照著寫。

⑶集中心思去想想自己真實的經驗。每個人都是獨一無二的個體，寫自己真實的經驗和感受就不可能重複。

Q：想寫一篇關於媽媽的作文，除了「我的媽媽」，還有什麼好題目呢？

A：以描寫物件為題目，是一種普遍的作法，而所謂的「描寫物件」，不僅僅是人物，譬如「我的媽媽」、「我的爸爸」、「我的爺爺」、「我的老師」、「我的朋友」；也包括一切的動植物和用品飾品等等，譬如「椰子樹」、「榴槤」、「我的寵物」、「我的書包」、「我的鋼筆」。

這種簡單明瞭的命題方式也沒什麼不好，不過，如果能在命題以及寫作重點上更突出些描寫物件的特色，或許會比較生動，對讀者的吸引力也會比較大。譬如「我的萬能媽媽」、「風趣的爸爸」、「慈祥的爺爺」、「令人又敬又愛的老師」、「我最知心的朋友」、「充滿南洋風情的椰子樹」、「一吃就忘不了的榴槤」、「我最心愛的寵物」、「意義非凡的書包」、「來之不易的鋼筆」等等。

Q：除了以描寫物件為題目，還有其他什麼命題方式呢？

A：⑴以文章的中心思想，也可以說是主要內容來命題。比方說，從入學開始，你可能用過不止一枝鋼筆、不止一個書包（或手提袋），如果要以此作文，當然是要寫最值得寫、最有故事、最有背景資料可寫的那一個，譬如「意義非凡的書包」、「我的第一個書包」、「來之不易的鋼筆」、「鋼筆的故事」等等。

⑵以事件來命題。譬如「一次嚴重的水災」、「當媽媽不在家時」、「第一次賣菜的經驗」、

「演講比賽」、「我最後悔的一件事」、「減肥記」、「驚魂記」、「打工記」、「拔牙記」、「我會騎腳踏車了」、「一次難忘的經歷」、「最令我難為情的一件事」、「我學會了包餃子」等等。

⑶以事件發生的時間或地點來命題。譬如「廚房的趣事」、「春天的公園」、「黃昏的漁村」、「分發成績冊的那一天」、「可愛的鄉村」、「可愛的荷塘」、「夏日午後」、「那年我七歲」、「海濱公園」等等。

⑷以文章的主要線索來命題。這實際上也是從文章的中心思想來命題，只不過從表面上看起來，題目比較抽象，但也比較有變化。譬如「心中的那把尺」，應該是一篇描述自己為人處世原則的文章；同樣的素材，如果叫作「我的原則」、「什麼該做，什麼不該做」是不是就顯得比較硬邦邦的？

動動腦

(1)想一想在過去或最近所閱讀的文章中，有沒有哪些是一看了題目你就很想往下看的？

(2)想一想在圖書館或書店，有沒有哪些書是你看了書名就能產生興趣的？

(3)看一看自己學過的課文中，你覺得有哪些課文的題目定得很好？你覺得好在哪裡？再想一想這些題目和課文的重點有些什麼關係？想一想這些好題目是怎樣定出來的？

⑷看一看自己曾經寫過的作文，有哪些題目是不錯的？對於那些已經寫好的作文，想一想還有沒有更好的題目？

作文DIY

(1)請說一說下面這些題目好不好，為什麼？

・高潮疊起的接力賽
・鄉村假期
・老人
・不可思議的一幕
・掙扎

(2)如果要寫一篇關於爸爸的文章，你會想到哪些題目？

(3)從課本、課外讀物或報章雜誌，找出五個好題目，並說一說你覺得這些題目好在哪裡？

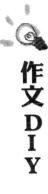

第②課 確定主題

怎麼樣才是一篇好作文？

首先應該是能夠切合主題，言之有物。

其次是要有真情實感。

再來才是文筆流暢，包括引用的成語、俗語、典

故都很適當正確，也沒有什麼錯別字等等。

反過來說，一篇作文最怕有什麼樣的問題呢？

最怕的就是文不對題。就算是全篇作文一個錯字都沒有，還洋洋灑灑，流暢無比，萬一是「下筆千言，離題萬里」，把「緣」這個作文題目都錯當成「綠」來寫，那可就慘了。

有一句成語叫作「無的放矢」，「的」是目標，「矢」是劍，這句成語表面上的意思就是「沒有目標卻偏偏在那兒亂射箭」；引申的意思是「批評失當」，就是說批評了一大堆，乍看好像滿有道理，實際上本來就是胡亂批評，人家本來就沒有你所批評的那個罪名（那個「的」）。文不對題，就很像是「無的放矢」，就算你的文字功夫很不錯（就像是擁有優秀的箭術），如果根本沒有目標，或弄不清、弄錯了目標（「目標」就像文章的主題），不是很糟

糕、很可惜嗎？

在奧運會射擊比賽會場上，就曾經發生過這樣的憾事：原本是居於領先的選手，因為有一發子彈弄錯了靶，居然射到旁邊選手的靶上，結果這一射吃了鴨蛋，因而造成局勢大翻轉，這名糊塗選手也因此痛失獎牌。

作文一定要「有的放矢」，千萬不可文不對題。這是至關重要的第一步。所以，看到一個作文題目，第一件該做的事就是應該把題目好好地看清楚，好好地想一想。這個工作，就是「審題」。「審」就是「仔細研究分析」的意思。

在「審題」的時候，我們應該特別注意兩個重點：

(1)看清楚題目，不要弄錯。前面所說的把「緣」看成「綠」的例子，是確實曾經發生過的。

⑵看清楚題目希望我們表達的重點。

比方說，「我的芳鄰」、「我和芳鄰」這兩個題目，雖然只有一個字不同，但所應該呈現的重點可就完全不一樣了。「我的芳鄰」中的這個「我」（也就是作者），像是一個節目主持人，文章的重點應該是放在向讀者介紹自己的芳鄰，可能是一個芳鄰也可能是好幾個，介紹什麼呢？也許是芳鄰的愛好、休閒活動等等；「我和芳鄰」中的這個「我」則是一個參與者，文章的重點應該是放在「我」和「芳鄰」之間有哪些故事，對於「芳鄰」的描述和介紹就應盡可能簡潔，不要太費筆墨。

我們來看一篇例文。

例文1

祖母的院子

賴秀燕

祖母家離我們家不遠。每天傍晚，我都會到她家去，我最喜歡祖母家那小院子的景色。

祖母家的小院子一年四季都是那麼迷人。

春天，溫暖的春風吹醒了沉睡的大地，給小院子披上了一層綠裝。

夏天，院子裡開滿了五顏六色的花朵，紅的、白的、粉紅的，什麼顏色都有，晨風吹過便競相隨風輕舞。

鮮紅的果實掛滿在櫻桃樹上，在綠葉的襯托下十分好看。周圍的牆上爬滿

牽牛花，碧綠的葉子在清風拂過時，就像一隻隻的蝴蝶撲打著翅膀，漾起一陣波紋，美麗極了。

菜園的那一邊，是一片綠油油的世界，茄子樹上掛滿了穿紫袍般的嫩茄，一條條的黃瓜像害羞的小姑娘，把一半的身子藏在綠葉中。一陣微風拂過，各種蔬菜就跳起舞來，為小院子增添了樂趣。

秋天，小院子的景色更迷人了。火紅的高粱這裡一叢，那邊一簇，彷彿一個個小涼亭。金黃色的玉米排成長長的兩行，好像兩條長龍降臨人間。

冬天，大雪過後，院子變成一個銀白色的世界。樹上積滿了白雪，地上的雪厚厚的，不但鬆軟，而且更是我們堆雪人、打雪仗的好地方。

這一個充滿生機的小院子，教我如何不愛它呢？

在這篇作文中，因為有一個「的」字——〈祖母的院子〉，描述的重點自然就是院子，院子應該是主角，應該要好好的描繪一番，「人」則應該退居配角，因此，「我」只在一開始出現，負責介紹那個「充滿生機的小院子」出場（「每天傍晚，我都會到她家去……」），還有就是負責收尾（「這一個充滿生機的小院子，教我如何不愛它呢？」）院子的主人（也就是祖母）根本連影子也沒瞧見。

如果題目叫作「祖母和她的小院子」，就不能只描述院子的景色了，而應該提到一些祖母如何照顧小院子啦、小院子對祖母有什麼特殊含義啦（比方說也許小院子是祖母的精神寄託），總之，就是關於祖母和小院子之間的素材非常重要。

如果題目叫作「我愛祖母的小院子」那麼重點又不一樣了，「我」就成了主角，文章的重點就應該是放在「我」是如何愛祖母的小院子，「我」是不是特別喜歡在這個小院子從事某些活動，這個小院子是不是有「我」的一些特殊回憶等等。

有一句俗語叫作「失之毫釐，差之千里」，「毫釐」是形容極其細微的數，這句俗語的意思就是說，表面上看起來好像只差一點點，實際上卻差遠啦。如果不仔細審題，在判斷文章應該以哪方面為重點時，就很容易犯這樣的失誤，而這種失誤對於一篇作文來說是致命的，無可補救的。

創意作文 Q&A

Q：在審題的時候，除了看清題目，找出題目希望我們表達的重點之外，還有什麼是應該注意的嗎？

A：有的，我們還可以注意兩方面——

⑴這篇作文應該是什麼文體？或者應該是採取哪一種文體？是記敘文？說明文？還是議論文？等等。

譬如「海邊野餐」這種屬於遊記的題目，應該是一篇記敘文，儘管也可以夾議夾敘——就是在敘述時夾雜一些感想、議論等等，比方說看到海邊垃圾變多了，生態被破壞了，因而十

分憂心等等，但整體而言，「敘述」仍然應該是主體，總不大可能會寫成一篇議論文。

類似的情況是，像「海邊野餐」這樣的題目，「野餐」的內容應該是重點，不應從旅遊小冊子、入場券背後的說明文字隨隨便便抄上一大段，那就像是在介紹去野餐的那個海邊了，感覺上這篇作文看起來就會像是一篇說明文，或是「說明文、記敘文」混為一體，風格就不大統一。

⑵要考慮這篇作文的題目，除了字面上的意思，還有沒有比較深層的意思？

譬如「十字路口」這個題目，似乎就不應只是描述我們肉眼所見的具體的路口，而應該側重在我們肉眼看不到的「東西」上，比方說某一次面臨是非對錯的抉擇、人生的轉捩點等等。

Q：所謂「確定主題」，需要想到以「愛國」、「愛家」、「親情」、「友情」、「榮譽」等等這樣的主題嗎？

A：想當然是不妨想想啦，當我們在欣賞別人優秀的作品時，也不妨試著分析看看別人作品的主題是什麼（這不一定有標準答案，但是當你分析得多了，一定就會比較有心得），不過當我們自己在作文的時候，對於這樣的主題其實也不必多想，否則反而容易有空洞之感，反而會無從下筆。倒不如思考一些具體的事件，來構思作文。

Q：我們可以自己來解釋題目嗎？

A：如果有解釋的空間，當然可以解釋，但是一定要貼切。

比方說「我的知心朋友」這個題目，所謂「知心朋友」的定義就有很大的解釋空間，你可以寫自己的好朋友，也可以寫寵物、玩具等等。我們不妨來欣賞一篇小朋友的作品。

例文②

我的知心朋友

吳素緲

媽媽出遠門了。晚上，我縮在被窩裡直掉眼淚。第二天，爸爸便捧回來一個漂亮的布娃娃。布娃娃是個小女孩，紅衫裙，小紅帽，帽子的邊上還有一圈白茸茸的毛，和我生日那大媽媽給我的蛋糕差不了多少，翹鼻子，小嘴巴。最逗人的是那雙水汪汪的眼睛，躺下便自然合上了，立起來就睜開。仔細看她的眼睛，那分明是一幅美麗的夜景圖：深藍的天幕上，彎彎的月牙被一絲雲彩稍微遮住了一些，還有小星星在閃爍著光亮呢！

也怪，布娃娃躺在我懷裡，我學著媽媽曾經拍我的樣兒拍著布娃娃，呵，我竟然感覺到了媽媽懷抱的溫暖！這一下，我可不怕孤單了！我可以像媽媽愛護我一樣愛護我的布娃娃了。我給她取了個很得意的名字——佳佳。這是我班上同學中最好聽的名字。

秋葉開始飄落的時候，我開始尋思為佳佳添加衣服。我把家裡的碎布頭找來，想著手工課上老師教的方法，做出一件漂亮的背帶裙。還把爸爸潔白的大手帕偷偷取來，給布娃娃繫在脖子上，足足有兩個星期。爸爸感冒了，我才不情願地「供」了出來，爸爸答應給佳佳買塊又大又漂亮的花手帕。

我愛我的布娃娃，也期望別人像我一樣真心喜歡她。記得有一次，我放學

回家沒有看見佳佳，一問爸爸，只見佳佳默默地躺在張著臭嘴的皮鞋上。我那兩股委屈的淚水便像斷線的珠子湧出眼眶。爸爸一看慌了神，連連向佳佳賠錯。看著爸爸那滑稽的樣子，我又禁不住笑出聲來。從那時起，爸爸才真正知道了佳佳在我心目中的位置。

我真希望我的小佳佳能和我一同長大，伴我玩耍、嬉戲，和我一起跳舞、畫畫，能懂我的淚水為何流的同時，也把她的委屈告訴我，讓我安慰她……

在這篇作品中，小作者的「知心朋友」是一個布娃娃，可是由於小作者對布娃娃傾注了很大的愛心，布娃娃對小作者也具有特殊的意義，能安慰小作者的孤單，陪小作者忍耐著思念媽媽之苦……在這種情況之下，布娃娃早已不僅僅只是布娃娃，說它是小作者的「知心朋友」，又有感情又有說服力。

動動腦

⑴仔細想一想下面三組題目，區別它們的重點有什麼不同？

・我學會了做飯／第一次下廚
・爸爸／爸爸的手
・快樂的一天／難忘的一天

⑵有些題目是屬於「半命題式的作文」，好像沒說完，需要你去填空。比方說「第一次……」，除了「第一次買菜」、「第一次走夜路」、「第一次看家」、「第一次當小保母」、「第一次當小老師」……，還有哪

些可寫的題目呢？有時計畫性的思考類似性質的經驗，也是累積作文素材很好的方式。

作文DIY

⑴比較一下「我們這一班」和「我的同學」這兩個題目有何不同？以這兩個題目各寫一篇短文，再來進行比較。

⑵「假如我是……」，請列出五個作文題目。

⑶重新審視一下一年之內的作文簿，看看自己對每一篇作文的重點、中心思想、文體等等，把握得恰不恰當？

第③課 聯想和比喻

作文其實就是一種聯想的遊戲。

所謂聯想，可以分成兩個方面。一個是看到作文題目之後，仔細審題，然後以題目為中心，向四面八方展開聯想（換句話說，就是任何聯想都必須緊緊扣住題目，否則就

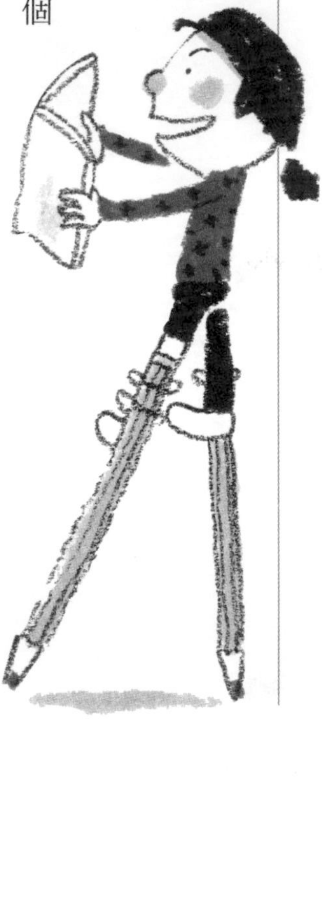

「跑題」了），另一個則是從日常生活中某一個細微的、真實的「點」展開聯想，慢慢形成「線」，「線」最後又交織成一個「面」。

前面我們曾經說過，一篇好作文最重要的要求就是「能夠切合主題，言之有物」。如何才能「言之有物」，使文章看起來有內容，就要看你聯想的功夫如何。

比方說，班上同學一起出去郊遊，回來之後每個人都要寫一篇遊記。如果有同學能夠聯想到關於這個景點的文化背景、掌故等一些小故事，並且將這些素材很自然的加入到文章裡，這篇遊記就會顯得比較有內容。同樣的景點，為什麼每個人所寫出來的遊記有好有壞，不盡相同？其中一個重要的因素就在於每個人所能聯想到的東西不同。這其實就是一種語文程度的展現。

而如果擅於從生活中取材——實際上也就是擅於從生活中產生種種聯想，

那就更是不愁沒有題材可寫。

英國作家史蒂文生（1850-1894）從一幅與孩子遊戲式的風景畫，聯想到藏寶圖，再聯想到海盜、尋寶、冒險……由此引發創作《金銀島》的構想；同樣是英國作家笛福（1660-1731）創作《魯濱遜漂流記》的靈感，則是從報上一條新聞所產生的聯想，那條新聞是說有一個蘇格蘭水手，因為與船長發生衝突，竟被拋棄在荒島，水手靠著頑強的求生意志，在這樣與世隔絕的環境中孤獨的度過了四年，成了一個不折不扣的野人，後來終於被其他船隻發現，把他帶回英國，他也因此終於得以重返文明社會；「現代童話之父」安徒生（1805-1875）從西方過聖誕節時家家戶戶都會準備一棵聖誕樹的傳統，聯想到樹木若有感知，或許也會期待自己能被選中，成為聖誕樹……這就是《小樅樹》。

我們來欣賞一篇小朋友的作品，這篇作品的靈感顯然也是從日常生活的經驗中聯想而來。

例文3

文字國

卓睿捷

「小龍，你的中文可以寫好一點嗎？虧你還是龍的傳人！」老師罵道。

「沒辦法，我這個人就是這樣。」小龍應道。老師氣得嘴巴都要噴出火來。

小龍是個愛頂嘴的小孩。他的字不是少一點，就是少一撇。小龍每次被老師罵後，就說出他的口頭禪。老師們屢次勸小龍，但他都不聽，還頂嘴。老師們都不再勸他，讓他將錯就錯。小龍一點也沒有覺得後悔。

有一天，小龍的媽媽心血來潮想要檢查小龍的功課。她發現小龍的作業有很多字都寫錯了，她便把小龍叫來，責問小龍。小龍又說他的口頭禪：「沒辦法，我這個人就是這樣。」小龍的媽媽很生氣的罵道：「錯了就一定要改。世界上沒有改不了的惡習。你自己在房間好好反省反省！」說完，小龍的媽媽就把門關上並離開。

小龍才不管呢！小龍心裡還是這樣想：只是少一橫一點，有必要那麼生氣嗎？小龍想著想著就睡著了。

不久，小龍發現自己走入人群中，不對，是文字群中。這些文字有些少了一點，又有些少了一橫，還有一些少了一撇。小龍覺得它們很可笑，便哈哈大笑起來。

這一笑就引起文字們的注意。有一個文字說：「咦，那不是多給我一顆痣的人嗎？」另一個也說：「那不是少給我一條腿的人嗎？」其他的文字也一直喊個不停。

突然，有一個字提議：「不然，我們把他帶到『法』哪兒去，叫『法』幫我們評評理！」小龍被文字們拖到一間大樓裡。小龍拚命掙扎，但寡不敵眾啊！

這個「法」少了一點，看起來很好笑。小龍又忍不住哈哈大笑。「法」罵道：「你還敢笑，這還不是你的傑作！害得我少了頭髮！」「義」字說：「大王，你看我們應該怎樣處置這個小壞蛋？」「法」說：「把他推出去斬了！」

小龍聽了，大喊大叫道：「不要啊！不要啊！我知道錯了！請原諒我啊！」「法」說：「我這個『法』就是這樣！」小龍聽了很難受。現在，他才知道他這樣頂撞老師，老師有多痛心。小龍已經後悔，他告訴「法」：「你就斬我吧！我死有餘辜，害你們斷手斷腳。再見，美麗的世界！」「法」說：「好吧！我就放你回去，但如果再害我們的子孫斷手斷腳，你就真的要被送去西天！」

小龍睜開眼，怎麼這夢好真啊！小龍決定了，一定要改進他的中文字，以後再也不用他那傷人的口頭禪了。小龍邊跑下樓邊喊：「媽媽，我想通了！我要改掉我的惡習，做一個聽話的好孩子。」

哪個小朋友在寫字的時候，不曾粗心大意的這裡少一點、那裡又少一撇？以這種小朋友普遍的通病展開聯想，大作文章，既能引起讀者的共鳴，又能令人會心一笑。

作文的祕訣在於「小題大作」——從一個小小的點去盡情聯想，切忌「大題小作」——看上去題目很大，結果卻三言兩語就講完了。

「比喻」是一項很重要的技巧。如果擅於比喻，不但會使文章生色很多（所謂「妙筆生花」），還很能夠展現創意。

我們先來欣賞一篇小朋友的作品。

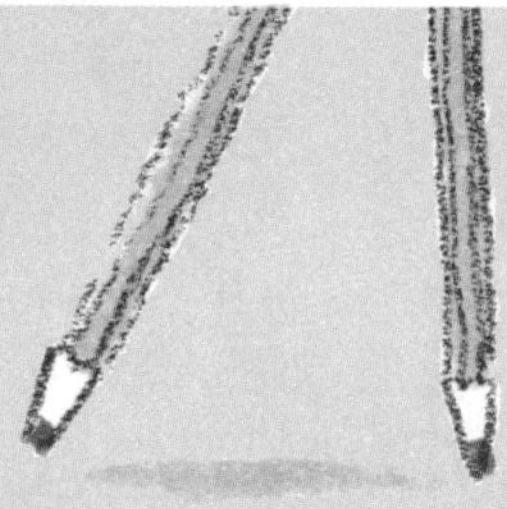

例文4 家庭給我的「四味湯」

朱宛俞

家，就那麼僅僅一個字，帶給我的感覺卻是像海那麼深，像天空那麼遼闊，像草原那麼舒服。家，是我的「避風港」、是我的快樂泉源、也是壓力的來源。

家庭對我來說，就像是「四味湯」，有時是「酸」的、「甜」的，「苦」的，甚至是「辣」的。為什麼呢？——我覺得酸的東西可能刺激味覺，增進食欲，就像給我上進的動力，鼓舞我向前。

記得有一次，我的家人就不斷在我身邊鼓勵、支援我，使我從一個沒信心的小女孩，搖身一變成為一個勇於鼓起勇氣參加舞蹈比賽的大女孩。雖然，成績不是最輝煌，但我重視的是過程，而不是在於成敗。

有「酸」自然會有「甜」。在「甜湯」裡就含有著溫暖、關心、舒服的感覺和愛。家，對我而言，就是一鍋熱湯。

愛是發自內心的，那種感覺是非筆墨所能形容，必須親身經歷才能感受的。「你吃飽了嗎？」「快點睡，不要累壞了！」短短的一句話就蘊含著深深的愛與關懷！

然而，在光彩有力、色彩鮮豔的「愛」的背後，卻是黑沉沉的壓力。壓力只能用「苦」來形容，壓力會形成很多的痛苦和煩惱。

我的壓力通常來自雙親。不過，雙親給我的壓力並不是「藥」，而是「苦巧克力」！何謂苦巧克力？苦巧克力就是在施給我壓力的同時，還會給我支援，讓我信心滿滿地面對這充滿挑戰、色彩的人生。

另一方面，家庭有時候是「辣」的。「辣」就代表教訓。然而，因為我有著開朗的雙親，因此不曾受過家庭暴力或無辜的懲罰。所以，每一次接受懲罰時，我都心甘情願。

酸、甜、苦、辣加在一起，就形成了「四味湯」。家人為我特別調製的「四味湯」，給我豐富的感情，給我不同的幻想，我會永遠珍惜、品嘗這湯中獨特的「四味」。

在這篇作品中，把家比喻成「避風港」並不稀奇，但是比喻成「四味湯」就很有意思了，首先給人一種很新穎的感覺，接下來，讀了小作者的說明之後，又會覺得這樣的比喻非常真實且傳神。

不管是什麼文體，都一定會有需要比喻的地方，怎麼樣才是好的比喻？有以下三點應該注意：

⑴盡量不要用「大家都這麼說」的比喻，更不要濫用成語。

其實，很多成語都能很生動的描述、比喻一個情況或一件事，但是因為被用得太多了，就很難再顯現出那份生動的光彩，反而容易顯得陳腔濫調。比方說，「光陰似箭」，仔細想一想，把時間比喻成射出的箭，這本來是多麼精采高明的比喻，可是因為長久以來大家都老喜歡這麼說，當我們再讀到這個比喻時，感覺就會很麻木。

⑵不是你真正了解的比喻，千萬別亂用。想要用什麼成語、俗語的時候更是要特別注意，以免鬧出笑話。

譬如，有一個小朋友描述自己小時候每天晚上都吵鬧不休，非得要媽媽溫柔的唱歌給他聽，他才能在媽媽的歌聲中「含笑九泉」。又譬如，有一個大人物，想要讚美義工們做了很多好事，居然把人家做的好事用「罄竹難書」來比喻。這些都是真實的小故事。那個小朋友和那個大人物，都是以一種想當然耳的態度來理解那兩個成語；前者本來大概是想形容自己在媽媽的歌聲中，甜蜜幸福的帶著笑意入睡，所以看到「含笑九泉」中有一個「笑」字，就拿來亂用一氣，完全不知道「九泉」可是「陰間」的意思，「在陰間帶著微笑」，這應該是說「死而無憾」，甚至「若死後有知還會感到欣慰」的意思，怎麼可以套在自己的身上？

至於「罄竹難書」，是「所做的壞事多到說也說不完」的意思，如今拿來形容人家做了很多好事，意思可是完全弄反了！

⑶盡可能用自己的語言以及真實感受來作比喻。要能做到這一點，就必須先仔細、用心、耐煩的體會，不要輕易就用一句「非筆墨所能形容」來作比喻。

創意作文Q&A

Q：看到作文題目的時候，我也想多寫一點，可就是想不到那麼多東西來寫，該怎麼辦？

A：是啊，面臨這種情況的時候的確很難辨，所以我們就應該讓自己避免碰到這種情況呀！

該怎麼做呢？

⑴訓練自己的觀察力，留心生活周遭的一切。（這一點，我們在第五課「觀察練習」時再作進一步的說明。）

⑵多閱讀。除了閱讀報章雜誌（特別是一些散文），更應該多讀書。大家不妨把我們的大腦想像成是一座圖書館，裡面有「文學」、「哲學」、「科學」……等等分門別類的小抽屜，我們每閱讀了一些東

西，就像是往這些小抽屜裡裝東西，你的小抽屜裝得愈滿、種類愈豐富，作文時能夠運用的材料才會愈多，也就是說，你針對題目所能聯想到的東西才可能愈多。如果腦袋空空，當然不可能作什麼「舉一反三」、「觸類旁通」的聯想。

⑶多做一點閱讀摘要、卡片、筆記等等。

《野性的呼喚》、《白牙》等書的作者——美國作家傑克・倫敦（1876-1916），家裡各個角落都有很多小紙片，都是他在閱讀時隨手抄錄下來的資料，他把這些紙片到處放置，就是為了便於隨時默念記誦。「科幻小說之父」——法國作家儒勒・凡爾納（1828-1905），也經常花很多時間在圖書館裡研讀各式各樣的科學書籍和雜誌，並認真做了大量的摘要，這些都是他在創作之前必不可少的準備工夫，正是因為這樣，

凡爾納的作品總是帶著濃厚的科學味兒，實際上也蘊含著許多當時的科學知識，並不是純幻想，所以他的作品才能如此獨樹一幟，他的地位也至今無人可以超越，譬如《海底兩萬里》、《地心探險記》等都是永恒的經典，還有很多太空人、科學家都說是從閱讀凡爾納科幻小說作品中，激發出對於探索太空以及科學研究的興趣呢！

Q：我們應該讀什麼樣的書才會對作文有幫助？

A：基本上我認為我們培養讀書的興趣和習慣，實在不應該過於功利性，好像總要有一個目的，何況讀書會讓我們有多方面的收穫，一個有讀書習慣的人，他的精神生活必定是相當富足的。

不過，不可否認，讀書確實能對提升我們的語文程度（包括作文的能力）

會有所助益，只是這方面的獲益不可能速成，不可能像「若暴飲暴食一段時日，一定會長胖」那樣明顯，而是要靠日積月累、慢慢累積的。

至於應該讀哪些書，有兩個基本原則——

(1)注意經典性。無論東方或西方，凡是經典文學都是文化的基礎，也是語文的基礎，應該有計畫的閱讀。由於經典文學幾乎都是成人文學，為了便於閱讀，不妨先從一些兒童版或少年版的改寫版本開始著手。

(2)注意雜食性。既然書本是精神食糧，就不宜太偏食。閱讀的面愈廣，常識才會愈豐富，也才愈有可能觸類旁通。

Q：難道非要看那些經典文學，看現代作家的作品難道不行嗎？

A：其實閱讀經典和閱讀現代作家的作品是不衝突的，不過，對於經典文學有所接觸，將更能幫助我們欣賞和理解現代作家的作品，譬如英國作家J.K.羅琳的《哈利波特》系列，就有不少西方經典文學（包括希臘羅馬神話和古典童話）的影子。

Q：可是書那麼多，哪裡看得完呀！

A：所以讀書有「精讀」和「略讀」兩種方法，有的書值得我們仔細的讀、一讀再讀（因為隨著年紀的變化，會有不同的體會），有的書則大略瀏覽過就可以了。至於哪些書應該「精讀」，哪些書「略讀」即可？自然是文學性強的書值得精讀，精讀才能吸收其中的精華，消遣娛樂性的書則大致略讀就可以了。

Q：網路上也有不少文章，如果我們常常看些網路上的東西，算不算閱讀？

A：當然也算啦，不過大家不妨想一想，網路上的文章和報章雜誌、書本這些所謂「平面媒體」上的文章，在性質上有什麼不同？我想最大的不同是在於平面媒體有負責把關的人，那個人就是編輯，編輯的工作包括策畫專題、審核稿件以及替稿件加以潤飾等等，但是網路上卻沒人做這樣的事，因此就文章的品質來說，一般而言，應該還是刊載於平面媒體的會比較好。

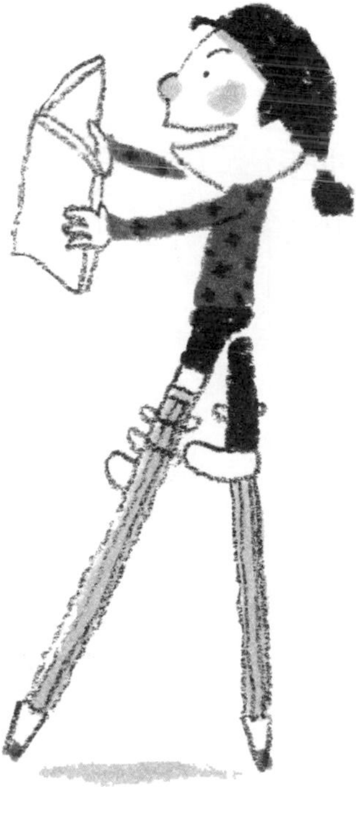

動動腦

⑴你最害怕聞到的味道是什麼味道？你覺得最好聞的味道是什麼味道？這些味道會讓你想起誰或想起什麼事？（這就是「聯想」的練習。）

⑵只有記敘文才會用到「比喻」的技巧嗎？「說明文」和「議論文」用得到嗎？試試看如何對一個念幼稚園中班或小班的小朋友解釋「應該多替別人想想」（這就是「如何使用比喻」的練習，因為想讓那麼小的孩子明白一件事或一個道理，你就一定得運用屬於他生活經驗中的素材來打比方，這就很需要「比喻」。）

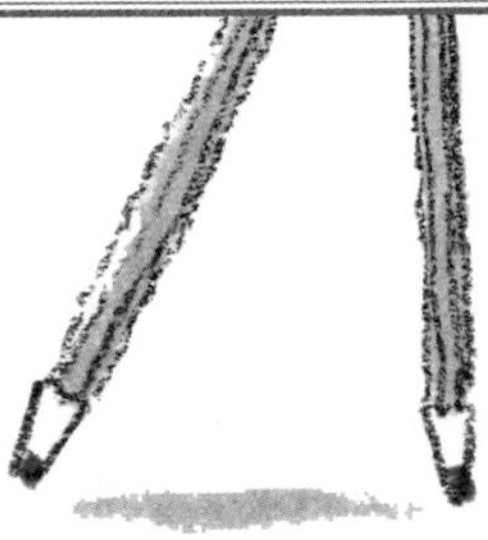

作文DIY

⑴選一個你喜歡的小東西，玩具、裝飾品都可以，回想一下它是怎麼來的？把一切與它有關的事情和人物都盡量聯想一番，以此寫一篇作文。

⑵看到「小草」這個題目，你會聯想到哪些東西、哪些事情、哪些想法？——「聯想」要多方面。

⑶對於月亮，有哪些比喻？

⑷找一個本子，從現在開始，把你所看到的每一個精采的比喻統統抄錄在上面。

⑸從「早安」這一個詞開始，寫十個不同的兩個字的詞，每一個詞的第一個字要和上一個詞的第二個字相同（譬如「早

安」→「安全」→……）。

第4課
如何擬大綱

曾經在書上讀到過這麼幾句話：

播下一種思想，收穫一種行為；

播下一種行為，收穫一種習慣；

播下一種習慣，收穫一種性格；

播下一種性格，收穫一種命運。

滿勵志的吧！世間許多事情之間就是有這麼多巧妙的聯繫。

作文也是一樣。如果你想寫好作文，光坐在那兒空想是不行的，必須付出很多具體的行動，包括多動筆、多看書等等，更包括要養成擬大綱的習慣。

很多小朋友寫起作文都太「隨興」了，總是抓起筆來想到什麼就寫些什麼，寫到字數差不多了，說停就停。

當然，之所以會這麼「隨興」，關鍵多半是在於一開始的態度就不佳，根

本就沒打算要好好的寫作文，而是只求敷衍了事，所以隨便想想就下筆了。

如果最初的態度是認真的，的確有心寫好作文，那麼「在正式下筆之前先擬大綱」就是一個必不可少的重要階段。

反過來說，只要養成了擬大綱的習慣，對於端正作文的態度也會有所幫助。

因為，所謂「擬大綱」，其實就是一番將思路整理好的功夫，若只是「隨便想想」是擬不好大綱的。

該怎麼樣來擬大綱呢？我建議分成兩個步驟、兩個階段來進行：

⑴先盡可能地自由聯想。

若是命題作文，就盯著題目、抱著題目，盡可能地四面八方的聯想，把所想到的東西一條一條都條列下來，先不要管你所想到的這些東西之間有沒有什麼關聯、先後次序又是怎樣，反正想到什麼統統條列下來就是了。在條列時，只需記下簡單幾個字，只要自己能看懂就行了。

儘管只是幾個字，千萬不要小看了這「寫下來」的功夫。我們的意念常常都是很飄忽的，好像很難抓得住，但只要你把它用簡單幾個字寫下來，就會把它「釘牢」在紙上，它就再也跑不掉了，而在這樣一系列的過程中，你的精神和注意力也會比較集中，思考起來也會比較有效率。

若不是命題作文，而是自己有一個籠統的感覺想要作文，那就不妨先把這個籠統的感覺用短短幾個字寫下來（也許是關於某一個人、或某一件事等等），然後再以此為基礎，展開自由聯想。

⑵整理思路。

等你把所能想到的東西都想得差不多了，就開始第二階段思路整理的工作。

把你方才條列的東西一條一條重新審視一下，哪些是可以合併的？哪些是沒有什麼太大關聯的？應該先說哪一條？接下來又該如何串聯最為生動流暢？把哪一條放在結尾最為理想？……

這樣重新調整好的順序，其實就是一份大綱。

即使素材相同，若大綱不同，寫出來的作文也就不同。

例文5 我家的「小可愛」

吳優子

期盼已久的寵物，我終於擁有了！那隻可愛的牠，便是我家的新小可愛，「哈姆太郎」——一隻小倉鼠。瞧，牠那肥胖的身體，使牠看來很像基尼豬，讓人喜愛。毛茸茸的牠，讓人恨不得將牠抱在懷裡，永不鬆開。就連牠吃瓜子的樣子也非常奇特及有趣哦！首先，牠會將瓜子殼一片一片的剝開，然後就三兩下地吃瓜子裡的果實，比人還要厲害呢！關於這隻「小可愛」的來歷，還有一段故事呢！

假期裡，我和大弟（吳惠飛）一起去拍「趣味珠心算」的教育片，恰好這部教育片需要用倉鼠做道具，所以工作人員便速戰速決地買了一隻倉鼠做道具。拍完以後見我們兩姊弟迷牠迷到自創倉鼠語言，便送給我們當禮物。真好！

我把哈姆太郎視為自己的「親生女兒」。我對牠百般呵護，想把牠養成一個「胖妞」。我每天都給牠吃得飽飽，睡得好好，還給牠洗泡泡澡呢！

有一次，由於我們一家人上雲頂（我上雲頂演音樂劇），只好把哈姆太郎寄養在同學——浩兒的家裡。浩兒常在打電話時用懷疑的語氣問我：「牠到底是基尼豬還是倉鼠，為什麼這麼龐大？」嘻！牠真的是倉鼠。至於為什麼這麼大隻，我們兩星期後才知道，原來牠早懷孕了。後來牠生下六隻小小可愛。哇！哈姆太郎當上媽媽了！我呢？就當上史上第一個倉鼠的「外婆」咯！

分析一下這篇充滿童趣的可愛的文章，主要素材有：

⑴介紹誰是「小可愛」。

⑵如何得到這隻倉鼠。

⑶倉鼠的模樣。

⑷和倉鼠在一起的樂趣。

⑸請同學照顧。

⑹倉鼠為什麼這麼胖？

而小作者所採取的大綱是——⑴⑶⑵⑷⑸⑹

如果採用另一套大綱呢？比方說——⑹⑴⑵⑶⑷

告訴你一件大新聞，我當上倉鼠的「外婆」了！我想，我一定是史上第一個倉鼠的「外婆」！

這隻倉鼠名叫「哈姆太郎」，牠是我家的「小可愛」。過去我一直期盼能夠擁有一個寵物，直到擁有可愛的「哈姆太郎」，終於美夢成真。

假期裡，我和大弟一起去拍「趣味珠心算」的教育片，恰好這部教育片需要用倉鼠做道具，所以工作人員便速戰速決地買了一隻倉鼠。拍完了以後，見到我們兩姊弟迷牠迷到自創倉鼠語言，便送給我們當禮物。真好！

這隻「小可愛」真的很可愛。瞧牠那肥胖的身體，使牠看來很像基尼豬，讓人喜愛。毛茸茸的牠，讓人恨不得將牠抱在懷裡，永不鬆開。就連牠吃瓜子的樣子也非常奇特及有趣哦！首先，牠會將瓜子殼一片一片的剝開，然後就三兩下地吃了瓜子裡的果實，比人還要厲害呢！

我把哈姆太郎視為自己的「親生女兒」。我對牠百般呵護，想把牠養成一個「胖妞」。我每天都給牠吃得飽飽，睡得好好，還給牠洗泡泡澡呢！

有一次，由於我要上雲頂演音樂劇，我們一家人都要上雲頂，沒人在家，我只好把哈姆太郎寄養在同學浩兒的家裡。浩兒常在打電話時用懷疑的語氣問我：「牠到底是基尼豬還是倉鼠，為什麼這麼龐大？」嘻！我告訴浩兒，牠真的是倉鼠。我感到非常得意和驕傲，因為我把哈姆太郎照顧得很好。

沒想到，兩個禮拜之後，哈姆太郎這個「小可愛」居然生了六個「小小可愛」！我們這才恍然大悟，原來哈姆太郎早就懷孕了！怪不得牠會這麼大隻！

哇！我的寶貝「女兒」哈姆太郎當上媽媽了！我們都很高興，我也就這麼當上史上第一個倉鼠的「外婆」啦！

也可以這麼寫——(2)(3)(2)(1)(4)(5)(6)

假期裡，我和大弟一起去拍「趣味珠心算」的教育片，恰好這部教育片需要用倉鼠做道具，所以工作人員便速戰速決地就地買了一隻倉鼠。

我們一看到牠，立刻就愛上了牠，牠實在是太可愛了！瞧牠那肥胖的身體，使牠看起來很像基尼豬，讓人喜愛。毛茸茸的牠，讓人恨不得將牠抱在懷裡，永不鬆開。就連牠吃瓜子的樣子也非常奇特及有趣哦！首先，牠會將瓜子殼一片一片的剝開，然後就三兩下地吃了瓜子裡的果實，比人還要厲害呢！

拍完了以後，工作人員見到我們兩姊弟這麼喜歡牠，迷牠迷到自創倉鼠語言，便把牠送給我們當禮物。真好！我一直期盼能夠有一隻寵物，現在終於擁有了！

我替這隻小倉鼠取名為「哈姆太郎」，牠從此便成為我家的「小可愛」。
我把哈姆太郎視為自己的「親生女兒」……

是不是？即使是相同的素材，根據不同的大綱所寫出來的就像是不同的文章。而如果能養成擬大綱的習慣，在下筆之前先擬妥一個最好、最滿意的大綱，實際上也就等於保證了文章的質量。

創意作文Q&A

Q：擬大綱不就是「起、承、轉、合」嗎？為什麼還要分成兩個階段呢？

A：沒錯，「起、承、轉、合」，也就是「破題↓接續第一段，繼續解釋、闡釋題目↓轉折（把文章帶向高潮）↓結束」，這確實是最穩妥也最傳統的一種大綱，可是也正因為如此，如果想按照這樣的方式來擬大綱，恐怕很容易讓我們的思維受到限制，結果就是寫來寫去都差不多，不僅和自己過去寫的差不多，和別人寫的也差不多，就很難寫出創意、很難寫出滿意的文章。

Q：我也想擬大綱，可是時間往往不夠，特別是在考試的時候，哪裡還有時間來擬大綱呀？

A：其實，愈是時間不夠才愈需要擬大綱！有一種說法叫作「事半功倍」，意思是說，只花了一半的力氣，卻得到成倍的效果，如果能養成擬大綱的習慣，就能幫助我們在現階段、在很短的時間之內，把目前所能想到的素材作最好的安排，以及最有效率的發揮。絕對不可能「沒有時間來擬大綱」的，主要仍然是觀念問題，只要大家能認識到下筆之前先擬大綱的重要，並且打心底的願意培養這個習慣，你就能擁有這樣的習慣。

Q：**「擬大綱」和「打草稿」一樣嗎？**

A：不一樣。所謂「草稿」和「定稿」（就這麼定下來了，在發表前或交給老師看之前不再修改了。）是兩種相對應的觀念。即使是「草稿」，下筆之前仍然需要先擬妥大綱，否則，一旦草稿完成，在一般情況之下，都很難有大幅度的修改，只不過是檢查一下有沒有錯字、漏字，再把文句順一順而已，可是正如我們前面已經強調過的，如果大綱先定好，對文章的好壞其實是有著關鍵性的影響。

Q：「腹稿」又是怎麼回事呢？

A：所謂「腹稿」，是說文章已經在自己肚子裡寫好啦，只要拿起筆來把它謄下來就可以了，這充其量只是一個理想，實際上是很不容易做到的，就算有極少數的天才做得到，我們也不必羨慕。擬大綱是一種幫助我們把文章寫得更好的方式，而且有了大綱之後，寫起文章反而會輕鬆得多、容易得多，為什麼不做呢？

動動腦

(1)你是不是曾經有過寫到一半不知道該怎麼寫下去的經驗？設想一下如果你在下筆之前先擬妥大綱，這種情況是不是就能避免？

⑵面對既定的作文題目，坐在那兒空等所謂的「靈感」往往是非常靠不住的，想要完成作文，應該如何著手？

作文DIY

以「我最難忘的一件事」為題，試著擬出三種不同的大綱。

第5課 觀察練習

擁有「世界短篇小說之王」美譽的法國作家莫泊桑（1850-1893），在他三十歲那年發表

了短篇小說《脂肪球》之後，一舉成名。莫泊桑的成功絕非僥倖，在他成名之前其實已經過一段長時期的努力，寫了不少作品，只是他聽從老師的教導，認為在自己的作品還不夠成熟的時候，不要急著拿出來發表。

他的老師不是別人，正是《包法利夫人》的作者、同樣也是法國著名作家福樓拜（1821-1880）。福樓拜還教給莫泊桑兩條重要的信念：

第一，所謂「才氣」，就是長期且堅持不懈的努力！福樓拜自己對此信念身體力行，在他五十九年的歲月中，有二十幾年都是在書房裡辛辛苦苦的寫作。

第二，想要成為一個優秀的作家，必須培養敏銳的觀察力。

作文確實應該是一件全身心投入的事。表面上看起來好像只不過是用手在作文，實際上在真正下筆之前，我們應該已經在作著種種準備，包括用心在體會生活，用大腦在思考生活，更包括用五官來感受生活。

特別是眼睛，我們除了用眼睛來閱讀，吸收資訊，更應該擅用眼睛來觀察周遭的一切。

作文離不開生活，或者應該說作文本來就必須以真實的生活為基礎。大多數人的生活都是平凡無奇的，而就是這樣平凡無奇的生活，為什麼有的人能夠「化平凡為神奇」，彷彿輕而易舉就能挖掘出許多可寫的素材？有的人卻即使偶爾碰到了一點不太尋常的事也認為那是稀鬆平

常，沒啥好寫，結果就是「化神奇為平凡」，白白浪費了一個好的素材。造成這樣明顯差別的主要關鍵，就在於「觀察力」和「感受力」。

在這一節課中，我們來談談「觀察力」。

一個充耳不聞、凡事都視而不見的人，是不可能寫出好文章的。「培養敏銳的觀察力」應該是作文的基本訓練，就好像在上素描或寫生課時，如果你想畫得好，就應該先把你要畫的對象（也許是鮮花、水果等靜物，或是風景等等）先好好的仔細觀察一番。

例文6

黃昏的漁村

陳家添

我赤著腳，獨自走到沙灘上，讓細滑的幼沙輕輕地將我圍繞。太陽像一個疲憊的老人，緩緩地向西邊落下。它帶著一絲絲慈祥又和藹的笑容，彷彿對人們還有一份依依不捨的眷戀。它所發出的七彩光芒，把天空薰染成一匹金光閃閃的綢緞，上面似乎繡了五顏六色的雲朵，好像一幅水彩畫，那麼美麗迷人！

我望向無邊無際的海洋。大海被太陽照得紅彤彤一片，有如一個村姑的臉蛋。天空中的晚霞和四周起伏的山巒清晰地倒映在海水中。只見海浪不斷地拍打著岸邊，浪花濺起。海浪聲彷彿在奏著一首偉大的交響曲，讓我深深地陶醉

在大自然的懷抱中。

海鷗不時親吻著「村姑」的臉蛋，令她含羞答答的。另一邊的海鷗則在天空中三五成群自由自在地飛翔。這是一個多麼詩情畫意的美景。這時，海風不時輕拂我的臉頰，把我的頭髮也吹得凌亂了。這把我全身的煩惱都帶走了，我如釋重負。

海邊，許多婦女和孩子們在等待著丈夫或父親的歸來。海風習習，令人頓感涼意。一些小孩正和海浪追逐。他們的嬉笑聲、喊叫聲，為海邊增添了一些熱鬧氣氛。海灘還有幾個小孩在堆泥沙。啊，大浪你真可惡！竟把孩子們辛辛苦苦堆積起來的「城堡」沖毀了。為何你要這般惡作劇？看你該如何去哄那正沮喪的小孩們。

「嘟……嘟……」一艘艘船隻正向海岸駛來。

「啊，我的丈夫回來了！」

「哎呀，爸爸平安回來了！看，就是那一艘！爸爸……」連原本哭泣的小孩也擦乾眼淚迎接爸爸。

在海岸耐心等待的婦女和孩子們不約而同地大嚷起來。在城市裡長大的我也莫名其妙地跟著他們一起歡呼。不一會兒，船隻慢慢地靠岸。婦女和孩子們也趕快幫忙把魚蝦搬下來。漁夫們將船隻綁在岸邊的柱子。把漁網收好後，他們拖著疲憊的身軀，牽著妻子和孩子的手，高興滿足地回家去了。

傻乎乎的我也以輕快的腳步回旅館去，晚風送來一陣陣的炊煙，令我垂涎欲滴。夜幕漸漸低垂，月亮婆婆和星星們都出來了。在天空中閃爍的星星像

是點綴在黑幕上的鑽石；而月亮婆婆也彎彎地掛在天邊。工作了一整天的漁夫們，也趁此刻與家人共享天倫。

大家注意到了吧？這篇文章其實就是小作者一篇饒富興味的觀察。小作者先觀察了黃昏時的天空，再觀察大海、海鷗、婦女和小孩、漁船進港時的情形，最後還觀察了天空。或許是因為小作者是在城市長大，對於漁村的景物、漁村的人們都頗為好奇，因此睜大了眼睛瞧著，仔仔細細的瞧著，而小作者的觀察就成了這篇文章的主體。

（不過結尾可以再琢磨些，目前看來似乎有一種話還沒說完的感覺。）

從這篇文章，我們也可以感受到一件事，那就是——好奇心往往能刺激我們去觀察。對生活帶著一份關心和熱情，也能刺激我們樂於觀察。

例文7

早晨

陳姵文

樹上小鳥吱吱叫，把正在睡夢中的我叫醒了。我懶洋洋地從溫暖的被窩裡爬了出來，梳洗過後，坐在窗口邊的椅子上，望著這美麗的早晨。

樹上，剛從蛋殼裡冒出來的小鳥正吱吱叫，吵著肚子餓了。這時，鳥媽媽正從遠方帶來豐富的早餐。隱隱約約中聽見雞鴨們的叫聲，想必媽媽才剛「請」雞鴨們享用過美味大餐。後院的一棵太陽花上，開始有幾隻勤勞的蜜蜂正在採花蜜。某一棵花的花莖上，一個蛹開始有些裂痕，慢

慢的，裡面爬出來一隻漂亮的蝴蝶。蝴蝶與幾隻同伴在花朵上翩翩起舞，彷彿在慶祝牠剛來到這個花花世界。

在我家門前，有一個小池塘。池塘裡的小魚們你藏我躲的玩著，追逐著。池塘上有幾隻蜻蜓在點水，水面漾起了漣漪，池塘裡長出幾朵含苞待放的蓮花。荷葉上還有幾隻青蛙呱呱叫，好像在尋找某樣東西。而同時，池塘裡的蝌蚪也游來游去的尋找自己的親生父母。

遠遠眺望，有一片綠油油的稻田，農夫們還在辛勤的勞動，那是為了在收割時期能有很好的收穫。稻田附近有一片橡膠園，割膠工人正忙著收集膠汁。他們將一杯一杯的膠汁倒入桶裡，方便運輸回去「交差」。還有些無所事事的老年人，都拖著他們的孫子到花園走走，順便呼吸一些新鮮的空氣。

這時，太陽才懶洋洋地爬出來。太陽無私地將自己的光輝照向大地，把萬物都喚醒了，不讓睡夢纏著它們。美麗的一天也開始了。我慢慢地將目光轉移到牆上的時鐘……糟了，我上學快遲到了！

這篇文章同樣是小作者對於早晨的觀察。小作者的筆尖幾乎是跟著他的視線在移動，愉快而又流暢，正因為如此，文章的結尾（「我慢慢地將目光轉移到牆上的時鐘……糟了，我上學快遲到了！」）不僅不會讓人產生突兀之感，反而還有一種清新可愛的效果。

例文8 吃榴槤記

沈佩璇

今天晚餐，我和媽媽坐在廚房的地上吃榴槤。當時鐘面顯示已到了七時整。那幾個榴槤是表哥從朋友家裡拿回來的。

媽媽拿起刀，沿著榴槤上的線，剖開榴槤。我坐在旁邊看著非常有趣，因為我從沒看過媽媽剖開榴槤。平時，是由爸爸剖開給我們吃，可是今天他不在家，就由媽媽來擔任這個任務了。「啪」一聲，榴槤就被剖開了，一陣濃郁的榴槤香味撲鼻而來，哇，好香！媽媽說：「家裡藏榴槤，無人不曉。」榴槤那濃濃的味道，從家外都可嗅到，所以，我們無法把榴槤藏起來。

榴槤的果肉穿著一件金黃的外套，裡面則是比較淺的黃色。不同的果肉有不同的味道，吃起來另有一種特別的香味。也許我自認為是「香味」，可是對有些人來說，榴槤味實在難聞，因為那濃濃的味道會令他們噁心，一聞到榴槤味就退避三舍。我卻有不同的看法。看到了榴槤，我就可以大快朵頤一番了。

剖開了三個榴槤後，媽媽準備剖開第四個榴槤。可是，這個榴槤上有一個黑色的洞！啊，那是有蛀蟲的榴槤嗎？我和媽媽瞪著那個榴槤，猶豫不決是否要把它剖開。我們也想：若有蟲，該怎麼辦才好呢？用殺蟲劑啊？還是把牠打死啊？最後，我們鼓起勇氣用刀將那個榴槤剖開了。我們睜大眼睛看有沒有蟲。啊，終於可以鬆口氣，沒有啦！只不過榴槤的果肉壞了而已。

吃完榴槤後，和往常一樣，我們將所有的榴槤殼用報紙包好，然後放在一個大紙箱裡，上面寫著：小心！榴槤！再畫上一個榴槤。

和媽媽吃榴槤的感覺真好，而且這也是媽媽第一次剖開榴槤呢。

如果用一句話來描述這篇作品在寫些什麼？無非就是「我和媽媽一起吃榴槤」，或者就是像題目那樣的簡潔——「吃榴槤記」。

可是，從這樣一句話居然也能寫出一篇有滋有味的作文，主要就是靠著小作者的觀察。透過小作者的觀察和描述，就算本來對榴槤長什麼樣兒、該如何剖開、如何吃、吃了以後該如何善後不太明白的人，在讀了這篇文章之後，都會有了一番清楚的概念。小作者帶著感情和趣味的觀察，很能帶給讀者一種極為生動的臨場感。

創意作文 Q&A

Q：觀察力的好壞不是天生的嗎？

A：當然，各種能力都可以說是天生的，每個人本來就不太一樣，但很多能力也都可以透過後天的訓練獲得改善和加強。就好像我們現在看到的很多「名嘴」，並不是每個人天生口才就是這麼好，也有不少「名嘴」在小時候是非常寡言木訥，甚至還有口吃的毛病，後來是經過後天的訓練，才大大改進了自己的表達能力。

觀察力也是一樣。儘管有的人天生觀察力就很強，有的人天生就好像少了一根筋，或是少了好

幾根筋！但如果我們能夠意識到培養敏銳觀察力的重要，而且經常進行有意識的自我訓練，就算沒有辦法像天生觀察力很強的人表現得那麼好，就我們個人而言，一定也還是能夠有所提升。

即使是那些天生觀察力很強的人，比方說警探，從工作中也仍然不斷在訓練觀察力，因而觀察力就愈來愈好。這也就是為什麼資深警探往往更能注意到一些看似不相干的細節，而有的細節後來竟有可能成為破案的關鍵。

Q：那麼，觀察力該如何訓練呢？

A：確實，要訓練觀察力、提升觀察力，是有些方法的。簡單來說，所謂「觀察」絕不只是「隨便看看」，而應該注意到以下幾點——

(1)有計畫性的觀察。譬如，今天你想觀察傍晚的天空、學校的花園、通往學校那條路上的行道樹，或是一個組合玩具的全部零件、家中所訂幾份雜誌不同的封面設計、某個食品的商標設計等等。每天有計畫性的觀察一個目標，並配合寫「觀察記錄」，把你所看到、所觀察到的，盡可能翔實的描述。

⑵全面性的觀察。這又包括兩方面——

①除了用眼睛觀察，耳朵、鼻子等其他五官也別閒著，譬如在例文六〈黃昏的漁村〉中，小作者除了觀察到漁村的風光，也聽到了漁船歸來的聲音、婦女和孩子歡欣鼓舞的叫嚷；例文七〈早晨〉，小作者聽到了小鳥和青蛙的叫聲；例文八〈吃榴槤記〉，小作者不但觀察了榴槤果肉的模樣，也描述了榴槤的氣味。

②觀察時要努作知識的聯結。比方說，如果觀察過傍晚的天空，也觀察

過早晨的天空，再次觀察時就應該多比較一下兩者的不同？這方面不一定都要寫進文章中，但多作知識性的聯結和補充，對於不明白的地方勤於查閱，久而久之一定能夠增強自己的觀察力。

⑶帶有思考的觀察。如果僅僅只是眼睛的觀察會過分理性，看來就像是一篇科學觀測報告，但是兼具感性的觀察——也就是在觀察的同時，也能用心去體會、用心去思考，這樣的觀察才能打動人。譬如例文七〈早晨〉中，小作者聽到「樹上……小鳥吱吱叫」，就猜想「鳥媽媽正從遠方帶來豐富的早餐」，就挺可愛。

Q：**是不是只有寫關於大自然的文章才會很需要觀察力？**

A：不，我們必須再次強調，「觀察訓練」應該是作文的基本訓練，不僅僅是在寫一朵花、一棵樹、一個風景區等等與大自然有關的文章會需要良好的觀察力，寫一個人物或一樁事件也很需要觀察力。比方說，這個人有沒有什麼特別的小動作或口頭禪，因此在無意中流露出他性格中的某些特點？在描述一樁事件時，這件事的因果關係、重要關鍵點是在哪裡？……想對這些細節全盤掌握，瞭若指掌，都必須有良好的觀察力。

動動腦

(1)有一位老師，要小朋友把自己所喜歡的水果帶到學校來，然後捧在手裡先看五分鐘，再準備開始寫一篇「我最喜歡的水果」。你覺得老師這麼做的目的是什麼？

(2)說到「寫生」，大家都會很自然地想到風景畫。你覺得該怎麼樣的做好「文字寫生」呢？

(3)著名的雕刻家羅丹（1840-1917）曾經說：「這個世界從來就不缺少美，只是缺少發現。」——你覺得這句話的主要意義在哪裡？

作文DIY

⑴找三個不同種類的樹葉，仔細觀察之後，分別用文字來加以描述。

⑵觀察你最常去的一間店鋪，然後以此寫一篇作文，題目自擬。

⑶選定校園裡某一個角落，連續觀察一個月，注意其間的變化，以此為主題寫一篇文章，題目自擬。

第⑥課 結構的重要

不知道你有沒有過這樣的經驗？某人興致勃勃地跑過來對你說：「我看到一個笑話，好好笑喔，哈哈哈哈……我跟你說啊，有一個人……哈哈哈哈……有一天……哈哈哈哈……」

結果，你努力聽了半天，還是什麼也聽不明白！這個熱心想來與你分享笑話的人，也許確實有一個非常精采、非常好笑的笑話，但問題是他實在是太不會說了，所以任憑他自己笑得半死，別人還是沒辦法弄清楚到底是怎麼回事，頂多只是會被他那滑稽的模樣逗得發笑罷了。

作文也是一樣。就算你已經找到很棒的材料，可是如果你的表達能力太糟糕，還是寫不了一篇好作文。

要檢驗一個人的文字表達能力，主要是看四方面：

⑴有沒有錯字？

⑵句子通不通順？

⑶標點符號用得正不正確？

⑷題目的主旨（也許是一件事情或一個感覺）有沒有說清楚？

這四個方面其實都是基本要求。所以，語文學習都要講究進階性，一定都是先從認字開始，然後是練習造詞和造句。配合使用標點符號之後，幾個句子可以成一個段落（當然，有時一個句子也可自成一段）。接下來，三、四個段落就可以成一篇文章。

沒有錯字、句子通順、標點符號正確，這些都是基本的文字功夫。我們不必在作文中硬塞進一些特別華麗或特別高深的詞藻，但起碼要避免寫錯或用錯了辭彙。若是看到一篇到處都是錯字又詞不達意的文章，作者的語文程度可想而知，整篇文章自然也是慘不忍睹，在這種情況之下，我們還能對它有什麼期望呢？

而能不能把題目的主旨說清楚，這就關係到文章的結構。

「說清楚」也是一種基本要求。在達到「說清楚」這個標準之後，我們才能進一步要求「盡可能說得動人」。

關於結構，有幾個原則應該注意：

⑴層次清楚，條理分明。

你可能有不少素材想要說，但千萬不要急著說。一急就很容易東一句、西一句。如果把所有想說的話全部攪和在一起，結果當然就是「好像說了不少，但又好像什麼也說不清楚」。因此，下筆之前，應該先理好思路，擬妥大綱（如第四課「如何擬大綱」所述），段落與段落之間的銜接與聯繫也非常重要（關於這方面請見第八課「轉折的重要」）。

⑵要有輕重之分，主從之分。

想想看，如果碰到一個說話完全不帶抑揚頓挫的人，想要聽清楚他在說

些什麼是不是很困難？更別談還想聽出他的重點所在了。一篇文章必定也會有一個重點，不可能每一個地方、每一個段落都是重點的，因此，對於重點，我們要特別強化，如此方能令人產生深刻的印象。

⑶一定要「有頭有尾」，絕對避免「虎頭蛇尾」。

很多小朋友都把精力集中在如何「破題」，然後愈寫愈馬虎，最後乾脆就是草草結束。這樣的文章會給人一種頭重腳輕的感覺。實際上，如何結尾同樣非常重要，「虎頭蛇尾」是作文的一大忌諱。

創意作文 Q&A

Q：「結構」這個詞好像滿抽象的，我還是不大明白？

A：小朋友不妨把文章的結構想像成是一棟建築物的框架，框架搭得穩、搭得好，建築物才可能蓋得好。

或者，小朋友也可以把文章的結構就想像成是一種「敘述的方式」這樣應該就比較容易理解了。

Q：有哪些常用的敘述方式呢？

A：常用的敘述方式，大致是「順敘」、「倒敘」和「插敘」三種。

(1)順敘——簡單的說，就是順著事件發生的真實的前後順序，作一種平鋪直敘的交代。這種敘述方式的優點，就是比較容易把事情說清楚，但要特別注意材料的選擇和剪裁，否則也很容易變成一篇平平淡淡的流水帳。

例文9 看日出

林嘉佳

我和爺爺約定一塊兒去晨運。爺爺爽快地答應了，因為他會有個伴。我自動提出，只因我志在看日出，晨運只是藉口。

一大清早，四周還是迷濛的霧水，我和爺爺，彷彿是兩個迷路的人，在迷霧中摸索，找尋著出路。上山的路又斜又滑，但年邁的爺爺每天都走著同一條路，走得比我這個黃毛小丫頭還快，還穩。

我們爺孫倆三步並作兩步，很快便到了山頂。山頂上吹著寒風，令我們不禁打了個冷顫，但也帶給我們一種很清新的感覺。我們頓時精神爽快，睡意全消。做了早操後，我坐在石椅上默默地守候著太陽，盼它快點升起。不久，一絲光在我眼前滑過，那光是由我期待已久的太陽發出的。我看著漸漸變得魚肚白的天空，太陽緩緩升起，發出耀眼的光芒，彷彿為全世界的人類和動植物

帶來了希望。

日出真的好壯觀，我和爺爺都陶醉其中，因為它真的是美得難以形容，啊，實在太美了！那光芒四射的紅太陽把暗淡的天空瞬間變得生氣勃勃。我拿出隨身攜帶的萬花筒，遙望這個充滿希望的太陽。嘩，好漂亮，好特別！萬花筒裡的太陽變得與眾不同，十分地多彩多姿，好像是一件世間罕有的奇珍異寶。

這時，我想起了一首歌：「紅紅的太陽下，我們帶著希望……」這首歌把我的心填滿信心，更令我覺得明天會更好！每當太陽發出四射的光芒時，我就覺得它好偉大，每天都喚醒我們的地球，值得我給予它崇高的敬意。

至於爺爺，他喜愛欣賞日出。他告訴我，日出雖然是每天都必然會有的，絕不會缺席，但繁忙的都市人卻難以抽空欣賞。有的人活了大半輩子，也不曾看過日出。我有機會站在這兒看日出，即使只是短短的十多分鐘，卻是一種人生的享受，所以我更加要珍惜。

當太陽已高掛，日出也欣賞完畢，我們也下山了，途中，我的腦海裡一直重播著剛才那一幕。我告訴爺爺，我每天都會陪他上山晨運，當然也順便看日出。剛才我們是大飽眼福，現在肚子有點餓，得去大飽口福了。

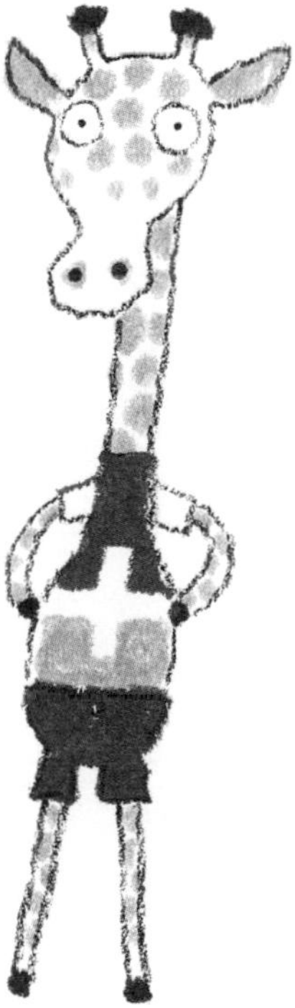

小作者先在第一段中，簡潔俐落的交代和爺爺相約一塊兒去晨運。從第二段開始進入主題，然後從「一大清早」一直寫到「太陽已高掛」，完全是順著時間先後順序來描述，這就是一種典型的「順敘」方式。

值得我們特別注意的是，小作者除了描繪景色，還加入不少獨具創意、富有個人色彩的素材，譬如帶著萬花筒看日出，想起一首歌等等，為文章增添了許多生動活潑的氣息。

此外，所謂「順敘」，並不是限定只能寫此時此刻、只能寫「現在」。

我們再來欣賞一篇小朋友的作品。

例文10 不同凡響的生命力

陳秀緣

前年農曆十二月時，鄰居送給了我一盆仙人掌。我從鄰居手中接過那盆植物時，仔細地端詳起來：這盆仙人掌呈長橢圓形，它那青綠色的莖稍扁平，莖上有五個手指形的小莖，看上去有點兒像手掌，形狀滿有趣。不過，它的身軀長滿尖刺，使我對它產生一層厚厚的隔膜；要是不小心碰觸仙人掌，我的手恐怕會被刺傷。

我每天都定時定量地替仙人掌澆水，讓它更快生長。但是，這盆仙人掌卻生長得很慢，幾個星期才長那麼一點兒，往往令我這急性子的人受不了，屢次差點兒將它灌死。可是有一次，我改變了對仙人掌的看法。

那天，我和家人在新年期間出遠門。一大清早，我們就忙著收拾行李，連坐下歇息一會兒的時間都沒有。出門前，我竟忘了替這盆仙人掌澆水，心裡很焦急，生怕仙人掌會死掉。幾天後回家，我馬上到花園裡察看仙人掌的情況。一到那兒，我頓時被眼前的景象愣住：仙人掌仍好好的，它肥大的莖依舊是青綠色，一點兒也沒有枯萎。這一幕，似乎在告訴我，仙人掌是多麼的頑強，多麼的堅毅。它在缺乏水分的時刻，竟不向困難低頭，反而珍惜自己的生命，堅持活到底。我望著仙人掌，它彷彿

在對我說：「孩子，你可別把我看扁哦！」我看了，會心地點點頭。

也許，仙人掌在很多人的眼中不過是個長滿尖刺、不起眼的東西，但是我卻認為它非常堅毅，具有不同凡響的生命力。

我望著仙人掌，想了許多許多……

在這一篇作品中，小作者所寫的雖然是「前年農曆十二月」時候的事，但是小作者的重點不是時間，而是描述一件事——從一棵貌似平凡的仙人掌，感悟到不同凡響的生命力（我們每一個人都很可能會在一個偶然的機緣下，突然認識到生命的韌性，以及大自然的奇妙；小作者所寫的就是這樣的一次體會）。

小作者是按照自己體會的過程，也就是想法變化的過程，來描述這件事：從最初嫌仙人掌長得太慢↓人在外地猛然想起出門前忘了給仙人掌澆水↓回到家立刻察看→發現仙人掌仍然好好的→對仙人掌這「不起眼的東西」開始另眼看待。所以，這也是一種「順敘」的結構。

⑵倒敘——在敘述時打破時間的先後順序，先突出結尾，再倒回去交代事情的原委。這樣的敘述方式，比較容易在一開始就緊緊抓住讀者的注意力，不過因為至少涉及「過去」和「現在」兩種不同的時空，在敘述時要特別注意，避免混淆，以免讀者會看得糊裡糊塗。

例文⑪

媽媽笑了

姚俊雄

媽媽笑了！媽媽終於笑了，笑得很甜呢！弟弟在捧蛋糕時滑了一跤，蛋糕打在自己的臉上，那滑稽的表情逗得媽媽笑了。

自從祖母去世後，媽媽整天悶悶不樂，經常以淚洗面，憂心忡忡，全家人都為她感到十分難過。

因此，我們三個兄妹時常想辦法逗媽媽笑。正所謂「三個臭皮匠，勝過一個諸葛亮」，我相信我們一定會做到的。我們使出渾身解數來逗媽媽笑。可媽媽卻依舊愁眉不展，身體逐漸地衰弱，讓大家十分擔心她的健康。

我們時常勸媽媽別餓壞身子，她才稍微多吃。爸爸也時常勸她樂觀一點，因為人死不能復生。雖然媽媽答應了，但她還是一副愁眉深鎖的模樣，一笑也不笑。

媽媽的生日快到了，我們打算為她慶祝一番，希望藉歡樂的氣氛沖淡她的哀愁。當天，爸爸一早就去附近的麵包店買了一個蛋糕，又親自下廚炒了菜和炸雞。

午飯後，弟弟迫不及待地衝到廚房，捧出蛋糕想給媽媽一個驚喜。不料，他不小心滑了一跤，把蛋糕打在自己的臉上了。看他跌坐在地上，一隻大花貓的模樣，我們不禁捧腹大笑，而媽媽也忍俊不禁，笑了。弟弟說他雖然摔痛了屁股，但這

一跤卻太有意義了，因為媽媽終於笑了。

我希望媽媽笑口常開，不再愁眉苦臉，悶悶不樂了。我對媽媽說，我們好高興看到她重展笑靨，希望她別再傷心了。

那天過後，媽媽變得比較樂觀開朗了。我們也能常看到媽媽的笑容了，這比什麼都珍貴呀！

這篇作品就是一個典型的「倒敘」結構。小作者先呈現和突出「媽媽笑了」的畫面，再回溯媽媽為什麼會失去笑容，以及全家想盡辦法、同心協力要逗媽媽笑的過程，讓讀者感受到媽媽這個笑是多麼的來之不易，讀來十分溫馨。

「倒敘」也是一種很常用也頗為討好的敘述方式。比方說，看到一張照

片，再回溯描述照片中的人；看到一個紀念品，再回想得到這個紀念品的原由或經過等等，這都是一種「倒敘」。

(3)插敘——在「順序」的基礎上，適當的加入一些對於事件或人物的背景說明，能使文章讀來格外的豐富生動。特別是在寫人物的時候，插敘很能增加人物鮮活的感覺，但要注意適時回到主題，以免愈扯愈遠。

例文⑫ 抗癌小勇士

莊家敏

媽媽告訴我有一個患上骨癌的孩子，雖然失去左腿，卻依然能一蹦一跳的，就好像平常人一樣，令我難以置信，也無法想像。

直到今年七月十六日星期六早上，媽媽帶著我和妹妹以及幾位「小小記者」一起到這名骨癌病童──鄭偉傑的住家時，我親眼看到他滿臉笑容，而且很快地從地上站起來，然後一蹦一跳地迎接我們的到來，我這才相信，他很樂觀，且有殘而不廢的精神。

當天是鄭偉傑的九歲生日，我們是來為他慶祝生日的，我們把各自準備的禮物送給他，包括他喜愛的《西遊記》電視劇光碟、玩具狗、背包、玩具、故事書、紅包等等。當他收到生日禮物時，顯得開心不已。

過後，偉傑帶我們參觀他的臥房。哇，房內有許多大大小小的玩具狗，還有不少小擺設放在他的床頭。原來他的最愛是玩具狗。他把這些玩具狗稱為「豬巢」，還替它們取了名字，每天就和這些玩具狗相處聊天。

偉傑最喜歡黃色，因為他認為黃色代表他的新希望與活力，連他當天穿的背心都是黃色的呢！我發現他房裡掛著一個白板，白板上面貼著許多篇偉傑的媽媽寫給他的激勵字句。我讀了，覺得很感動。

根據偉傑媽媽的敘述，原來他去年在菩提小學讀二年級時，常投訴腳疼痛，到醫院檢查後，被醫生證實患上了末期骨癌，癌細胞已蔓延到左右兩個肺部。他必須鋸掉左腿，要不然只剩下半年的生命。

偉傑被迫輟學，他一直埋怨上天不公平，也不願鋸掉一隻腿，他的父母最後讓他自己作決定。經過慈濟佛友及父母的開導，他最終選擇動手術，保住生命。在化療期間，偉傑的媽媽看到他很痛苦，就叫偉傑把病房裡的螞蟻捉住，然後再把牠放回地上。受到重傷的螞蟻一拐一拐地繼續往前走，使得偉傑得到了很大的啟示。

經過多次的化療，他的頭髮一次又一次地脫落，割除肺部癌細胞以後，身上也留下幾道動手術的痕跡。醫生說他生存的機會只有百分之十，他能活到現在，百分之九十是靠他的意志力。他真是勇敢極了！

偉傑的媽媽說完後，我們就和偉傑坐在地上玩玩具。過後，偉傑在我們帶來的大蛋糕上插上九支蠟燭，大家一起為他唱生日歌。他也替自己許了一個願，那就是：「祝我早日康復！」偉傑把蛋糕分給在場的人，他也要求要吃那一塊寫上自己名字的蛋糕。大家吃得津津有味，氣氛融洽。

偉傑的媽媽說，今天是偉傑第一次慶生，而且又獲得許多他喜歡的生日禮物。看到他那麼開心，她也很高興。偉傑的父親說，不久後，偉傑又要到馬大醫院化療了。我希望他這次的化療能夠順利完成。

生命是寶貴的，偉傑對生命的珍惜，值得我們學習。

用「抗癌小勇士」來稱呼九歲的鄭偉傑，確實非常貼切。在這篇文章中，小作者主要是採順敘的方式，描寫鄭偉傑小朋友九歲生日會當天的情況，再從白板上面鄭媽媽寫給偉傑的許多激勵的話，插入三段有關偉傑患病、治療以及如何勇敢對抗病魔的說明，不僅讓讀者對偉傑有進一步的了解，對這個年僅九歲的「抗癌小勇士」也會產生由衷的佩服與憐愛。接著，小作者的筆鋒再度回到生日會當天，回到順敘原有的軌道，最後平實的結束。這就是一種典型的插敘寫法。

Q：那麼，什麼時候用順敘？什麼時候用倒敘？什麼時候又用插敘呢？

A：那得依作文題目和作文素材而定。大家不妨養成一個習慣，當你看到一篇不錯的文章時，在看完之後趕緊回頭再多看兩次，分析一下別人是採取什麼樣的結構？

這種「分析」非常重要，因為你在分析的同時，必定也在思考，只有這樣

才能真正從中學到些什麼，否則，就算你背了一大堆作文範本，如果不知道別人究竟好在哪裡，對自己的作文能力也不會有太大的幫助。

動動腦

(1)你認為哪些主題適合採順敘的方式？為什麼？

(2)如果要寫一篇遊記，若採順敘結構，該如何避免「好像在記流水帳」？

作文DIY

(1)分析三篇自己作文的結構。

(2)以「難忘的運動會」為題，試著將同樣的素材，採順敘和倒敘的方式排列一下大綱（或正式寫一篇），比較一下效果如何？

(3)找三篇自己喜歡的文章，分析一下它們的結構。

第7課 用事實說話

　　近代極為著名的作家，也是《生活的藝術》、《京華煙雲》等書的作者林語堂（1893-1976），曾經說過這樣一段話：「凡是期望成為作家的初學者，都應該叫他們先把寫作的技巧完全撇開，暫時不必顧及這些小節，專在心靈上用功夫，發展出一種真實的文學個性，去做他的寫作基礎。」

　　林語堂先生的這番話是很有道理的。林先生所謂「真實的文學個性」，

我們若用最淺白的方式來解釋，可以說就是「做我自己，寫我自己」，把我們的真情實感拿出來！

其實，不僅有志於寫作、懷有作家夢的人應該致力於發展自己「真實的文學個性」，只要是希望提高自己精神層次以及作文能力的人，都應該這麼做。

「作文」不僅考驗一個人駕馭文字的能力，也考驗著他的語文知識和精神文明等多方面，是一種綜合性的檢驗。「作文」並不是作家的專利，而應該是我們每一個人的基本能力。更何況，小學的語文教育也不應該是為了要培養未來的作家，而是要讓小朋友有能力用文字來適切的描述自己的所見所聞，和所思所感。

小學階段的語文教育，對我們每一個人來說，都是非常重要的。在這一個階段所受的語文教育，不僅是我們未來一生語文程度的基礎，更是一生精神文明的基礎。我們應該拿「真誠」來作這些基礎，惟有先求真，才有可能達到善和美啊。

一篇不理想的作文，除了錯別字、文句不通等那些基本問題之外，最大的毛病往往仍在於內容很空洞。這種空洞並不僅僅表現於知識、常識的貧瘠，還包括了情感的貧乏。

想要寫好作文，一定要把自己的真情實感拿出來。若換一個角度來說，我

們也可以這樣來理解——所有所謂的技巧，都應該是為了真情實感來服務，這才是作文的真諦。

下面我們就來欣賞四篇小朋友的作品。

例文13

我的玩具狗

林欣

林強是我的「BABY」。我和我的弟弟是它的父母，而我的父母則是它的爺爺和奶奶，它的舅舅就是我的哥哥。

林強有一身褐色的毛，一雙黑白分明的眼睛，一雙短短的手及一對穿著布鞋的腳。我和弟弟常抱著它玩，有時還餵它喝奶呢！有時候，我們還為了照顧它而忘了做功課。因此，我常因為它而被父母親責備。

林強是我的心肝寶貝，平日我睡覺時要和它一起

睡；甚至上學時還把它帶上車讓它陪我上學呢！哥哥也非常喜歡它，時常抱著它來親吻，因此，哥哥不喜歡林強髒兮兮的。

一星期內，如果林強髒了，我們便會把它送去「轉，轉，轉！」——讓洗衣機把它沖洗乾淨。它「轉轉轉」後，又變得乾乾淨淨了！這時，哥哥最愛把它當成籃球來灌籃呢！

記得有一次，我因為和弟弟忙著和它玩而忘了做功課，因此父親非常生氣，差點把「BABY」給扔掉呢！還好，還有媽媽這個「擋箭牌」。媽媽雖然阻止爸爸這樣做，但她還是把林強沒收了。在我的苦苦哀求下，她還是不答應讓林強陪我睡覺。

日子久了，媽媽看見我的態度有所改變，才把林強還給我。那時，我高興得非筆墨所能形容。我抱著重獲自由的林強，眼淚差點奪眶而出。

記得有一次，我和弟弟搶林強玩。一個不小心，導致它的手被拉斷了。我們立刻向媽媽求救。經過媽媽的妙手回春，幾分鐘後，林強便可以「出院」。從此，我和弟弟不敢搶它了，以免它又要受苦。

每當我傷心時，林強就是我傾訴的對象。有時看到它傻呼呼的樣子，我就會禁不住發笑。不過當我生氣時，它也是我發泄的對象。我罵它及打它，心中舒服多了。但這也的確對它太不公平了。

林強是我家的開心果。它本是我保母送我的一隻玩具狗，我非常疼愛它，它一定能陪我度過一個美好的童年。

這真是一篇充滿童真和童趣的作品。哪個小朋友沒有一件心愛的玩具呢？小作者的選材並不特別，只不過是尋常生活中的片段，可是小作者卻能處理得

如此有滋有味，又極富個人特色（譬如替玩具狗取了一個那麼像人的名字，還替它列明了「親屬表」），使人讀來不禁莞爾，印象深刻。

小作者的祕訣無它，只不過是對心愛的玩具狗懷有一腔純樸和真摯的感情。只要付出了感情，假的也可以像真的；這麼一想，小作者為玩具狗取名為「林強」也就顯得理所當然了。

例文14

我怎樣戒掉壞習慣

郭曉卿

相信在這個世界上是沒有十全十美的人。每個人都應該會有壞習慣。我也有壞習慣，我的壞習慣是愛哭。但是，若要戒掉這個愛哭的壞習慣，並不是說一朝一夕就能戒掉的。

我記得應該是從小就有愛哭這個壞習慣。為什麼我會染上這個壞習慣呢？那大概是因為我是家裡排行最小的。從小，只要我一哭，就能

做個小霸王，「要風得風，要雨得雨」。

這個壞習慣時常帶給我許多壞處。記得有一次，我和媽媽一起逛百貨公司時，媽媽不買東西給我，所以我就在大庭廣眾大哭，叫媽媽一定要買那東西給我。這樣不但令媽媽浪費許多錢，而且還令媽媽丟臉。直到我五年級，逐漸開始懂事的那一年，我就下定決心要戒掉這個壞習慣。

自從五年級那年，每當我一再想哭的時候，就不停地提醒自己不要再重犯這個壞習慣。而且，我還在房間裡貼滿了「不能再哭」的字條。因為我總愛躲在房間裡哭。我總是堅持不懈。慢慢的，我不必再靠字條或母親提醒我了。我也漸漸地改掉了這個壞習慣。

戒掉這個愛哭的壞習慣後，我感覺輕鬆多了。至少不必時常因哭得太久而眼睛紅腫，而且每次在大哭一場之後，我都會感到十分疲倦。

現在，我終於戒掉這個壞習慣。希望以後我不再染上其他的壞習慣。因為要戒掉一個壞習慣實在不容易。

文藝理論大師朱光潛先生說：「練習寫作有一個重要的原則須牢記在心的，就是有話必說，無話不說，說須心口如一，不能說謊。」

朱先生還說：「許多人在文學上不能有成就，大半都誤在入手就養成說謊的習慣。」所謂「說謊」，就是人云亦云，或是裝模作樣、虛情假意，很多小朋友的作文不易進步，問題往往也是出在這種「張口就瞎扯一通」的壞習慣。

以這篇作品來說，小作者就做到了「言為心聲」，即使所描寫的只是一件小事，但因為是發自內心，以自己真誠的體會為主體，所以仍是一篇「言之有物」的作品。

例文15 我最後悔的一件事

陳郁霓

四月一日愚人節來臨時，我的心裡很難過。腦海裡一直浮現兩年前所發生的一件令我後悔又難過的事。

記得那天早上，我想起是愚人節。我和一班調皮的學生，想到一個鬼點子，要在愚人節那一天戲弄小君。小君是我班正班長，性格膽小又害怕。那時，我們捉了一隻小青蛙，把牠裝在一個盒子裡。然後用一張美麗又鮮豔的禮物紙把牠包得漂漂亮亮，送給小君班長，「感謝」她這些日子以來為我們做了許多事。

上課鐘聲一響，我們便排隊進教室。我們趁老師還沒來上課，我便趕快拿出那份「禮物」走到教室面前，然後大聲對坐在前面的同學說：「各位同學，我們要趁今天這個大好日子，感謝一位特別的人。這些日子以來，她為我們做了許多事，也為我們爭取許多福利。她是誰呢？她就是我們敬愛又有責任感的好班長。」

我們請班長出來接受我們為她準備的一份小小的禮物，它代表我們全班同學的一番心意。班長起初有點受寵若驚，但是在我們鼓勵下，帶著靦覥的笑容，踏著輕鬆的腳步到教室前面接受那份「禮物」。

「我們請班長打開這份小小的禮物，看看是否喜歡我們給她的這個東西。」班長這時帶著更燦爛的笑容慢慢地把「禮物」拆開。當她打開盒子時，有一隻小青蛙從裡頭跳了出來，撲到班長的頭上。班長頓時大聲尖叫起來，臉上一陣青，一陣白，感到很害怕，我看班長的臉好像要哭了起來似的。全班頓時大笑，班長便三步並作兩步地走回座位。她正想坐下時，突然有一位學生在後面用力地把椅子一拉，班長便重重地摔在地上。這時候，全班同學更是哄堂大笑，簡直是連眼淚都笑了出來。

過了不久，班長還是沒有爬起來。我察覺不對勁，便跑到她的身旁探個究竟，她一句話都沒說，我就立刻跑去辦公室找級任老師來，過後老師就把她送到醫院去。

經過醫生的診斷，證實小君扭傷了腰，要在家休養好一陣子。我們知道了這件事後，心裡面非常難過，尤其是我，更是後悔自己所做的一切。過了兩個星期，我和捉弄過她的調皮同學去向班長道歉。誰知道她不在家。不久之後，我去到學校時，才知道她已經轉校了。從此，我和她失去了聯絡。所以，每當四月一日愚人節來臨的前夕，我心裡面總是有一股難以形容的滋味。曾經被我們戲弄過的班長，是否已原諒了我們？不管她身在何處，我們都會永遠祝福她。

要面對比較負面的回憶，面對自己所做過的錯事，是很需要勇氣的；小作者在下筆之前，已經相當勇敢的用一個非常理性且客觀的態度，來審視這件至今想來仍然深感後悔和難過的事。

也正是這個原因，我們才能從小作者真實坦誠的描述中，讀到小作者深深

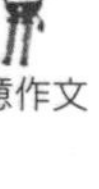

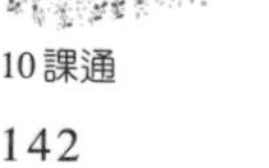

的歉意，並且為那「沒有道歉機會」的結局感到非常的惋惜，甚至還會有一點沉重的感覺。

因為我們都知道小作者並不是什麼十惡不赦的大壞蛋，這整件事只不過是一場惡作劇罷了，惡作劇有什麼大不了的呢，孩子們都喜歡惡作劇的，可是小作者卻以真實經驗告訴我們，有時一個自以為沒什麼大不了、「只不過是開一個小玩笑」的惡作劇，有時竟也可能會帶給別人莫大的傷害，而我們的內心也將久久得不到平靜。

例文16

重生的感恩

馬願越

那沒有地心吸力的空間又再出現了。然後我就像一個球，被快速的旋轉、旋轉……然後，完全失去重心的軀體無助、彷徨，接著衝向一個無底洞去……

「啊！」我喘著氣睜開雙眼，望著漆黑的房間，又是這重複的夢境。自從我三年前動過腦部手術後，只要健康欠佳、心情低落時，我就會在睡夢中墜入這惡夢中。我的思緒又飛向三年前那一次「重生」的經歷中……

那是一個燥熱的下午，天氣炎熱，再加上媽媽的催促，我當時的心情煩躁極了。媽媽叫我到廚房拿個盒子給她。我心一急，馬上向廚房「奔馳」而去。「媽，盒子來了……」話未說完，我腳下一滑，身體失去平衡地向後猛傾，頭重重地敲到地上的瓷磚。

我整個腦袋一陣劇痛，左腦側邊，似乎有一股熱辣辣的氣衝向腦神經，我「哇」一聲，哭出聲來。媽媽也聞聲衝來，見我只不過敲到頭，頭上沒流血沒紅腫，便用風油為我敷上。

其實我腦內一陣又一陣的微痛就這樣持續到晚上。夜裡，我開始嘔吐，感覺天旋地轉。媽媽十分擔心。天剛破曉，爸爸出差回來，立即送我到醫院去。而這時，我已經神智不清，走路覺得浮浮的。

迷迷糊糊中，我被推入一間房間。裡面有台白色的巨型掃描器。我被綁在那白色床上，慢慢地被送進這巨型的機器內。我雙眼被蒙住了。後來聽媽媽說，這是腦部斷層掃描。那架機器讓我很沒有安全感。我一直擔心機器送我入內後，我再也出不來，慢慢的死在機器裡，那種恐懼至今還歷歷在目，深烙我的心靈。

醫生診斷出我大血管爆裂，電腦螢幕上顯示大量的血正不斷湧出，每個人開始緊張，醫生說必須馬上動手術，否則可能來不及了。想到自己的腦袋將要被割開，我慌張極了，一直捉住爸爸的手不放，哭著問爸爸自己是不是要死了，為什麼爸爸淚流滿面？爸爸支吾著要我乖乖、不會有事的。看到媽媽也無助的淚流滿面，這時的我，彷彿像要被推上斷頭台，抑或是一隻在屠宰場上待宰的羔羊，彷徨而無助。接著一位麻醉師就把一支針管捅進我的大腿，我再也

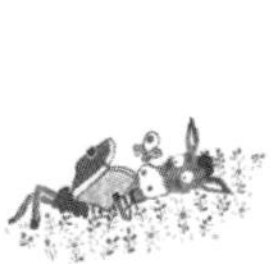

來不及抗拒、來不及親吻爸媽，腦子就一片空白了。

不知過了多久，我終於恢復知覺了。我嘗試睜開雙眼，卻力不從心，原來雙眼已被黏住了。我感覺整個頭緊緊的，渾身動彈不得，我四肢皆被綁住。我鎮定地回想一切，在無助中我終於聽見那熟悉又溫柔的聲音，那是外婆及媽媽的呼喚，像一道黑暗中的曙光，讓我的心裡扎實安全了。

第三天，我才被拆下眼罩，重見天日。我這才曉得原來手術後我進了加護病房，而手術也成功了。我的左手插上了一根細管打點滴。右手也被插了針管，供護士定時打鎮痛針，由於同樣一處針孔被注射鎮痛劑，每次那藥液一注射進我的血管，我痛極了，我一哭就見媽媽也在一旁揩眼淚。更令我動彈不得的是那根插著我後腦的一根管子，把我腦內殘餘的淤血一點一點地排出來。

往後幾天，我轉入了兒童病房。這時我身上再也沒有任何管子牽絆著我，惟一美中不足的是——我那充滿帥氣的頭髮，已成了一大片光禿禿的「沙漠」。接下來，媽媽每天都來陪我。偶爾，半夜醒來見媽媽伏在床邊睡覺，心裡不禁一陣酸，偷偷地流淚，不敢讓媽媽知道，讓淚流到心裡去了。

住院期間，我體會到許多人的關愛，其中有王校長夜裡送來的素燒包、外婆的陽光故事、大姑寄自新加坡的拼圖、記者阿姨的愛心葡萄……讓我沉浸在重生的溫馨暖流中。我也從媽媽口中得知，為了救我，許多熱心人的血液已流入我體內，他們的愛也隨著捐出的血液，融入我心扉，永遠永遠……

第六天，醫生讓我下床走走。我一步下

床，雙腿一軟，差點兒跌個四腳朝天。我心一驚，怎會如此？為何我不能走？在醫生的鼓勵下，我不氣餒，站起來再試，不能！經過多次的練習，我終於又可以自在的行走了，這時的我真想給窗外的藍天和草地一個熱情的擁抱。第七天，我終於離開了這所我住了一個星期的醫院。我心裡竟有種不捨的感覺。是捨不得那和藹可親的醫護人員嗎？總之，臨走前那濃濃的感覺，應該是感激、感恩醫生讓我獲得重生。走出醫院，我又重見那和煦的陽光。

經過這一次重生，我深深的體會到人生的無常。可能我們現在正談笑著，但下一分鐘就進了手術室。讓我感到我們應該珍惜當下，珍惜自己擁有的生命，好好去實踐自己有限的生命。事隔多年，我慶幸自己能以筆耕方式來感恩所有救我的醫護人員，感恩所有捐血給我的人，還有感恩那日夜不知為我流了多少淚水的爸爸媽媽！

生命確實相當脆弱，人生也確實無常，我們也確實應該如小作者所說，要「珍惜當下，珍惜自己擁有的生命，好好去實踐自己有限的生命」……想到一個小朋友已經有這番深切的體會，真是讓人心疼！

對於這樣一個特殊的題材，小作者回憶得很仔細，寫得也很耐煩、很用心，文風質樸，感情誠摯，能夠深深感染著讀者。此外，小作者的文筆也相當出色。

創意作文 Q&A

Q：「重生的感恩」真的很棒，可是我好像沒有這麼特別的經驗好寫呀！該怎麼辦？

A：有好題材當然很重要，但是我們也不能成天坐在那兒空等好題材憑空掉下來，還是應該先認認真真、誠誠懇懇、實心實意的練習描寫真實的生活，以此來鍛鍊我們文字表達的能力。這樣，等到有一天果真碰到一個好題材時（不一定只有「生病康復」才算是好題材），我們也才有能力來好好的處理。

Q：那到底要用什麼樣的標準來決定要寫什麼呢？

A：有一個最重要的標準，就是寫能夠真正打動你的事，或是人。只有先打動自己的題材，才可能會有打動別人的感染力。

Q：真實的生活真有那麼多東西可寫？

A：小朋友千萬不要小看自己，其實我們每一個人都像是一本故事書，翻開自己的生活史，總會有一些動人的片段。

Q：難道就不能寫假的事情？或是編的事情？

A：當然也不是完全不可以，但是就像朱光潛先生所說：「許多人在文學上不能有成就，大半都誤在入手就養成說謊的習慣。」，如果大家在現在還這麼小的時候，就已經養成「一派胡言」的偷懶式作文法，也許能應付得了一時，但實際上作文能力是不容易有進步的。

而且，也許小朋友沒有注意過，很多好像是「編」出來的傑作，其實也都是從真實的生活出發，以真實的感情為基礎。譬如安徒生的《醜小鴨》、《人魚公主》等膾炙人口的童話，就都包含著安徒生本人一直所堅持的力

爭上游的精神。

動動腦

⑴為什麼「用事實說話」對練習作文來說那麼重要？

⑵你贊成「言為心聲」的說法嗎？

作文DIY

看看自己從前有沒有用「一派胡言」的方式所寫的作文，如果有，請以同樣的題目再寫一次，這一回要注入真感情和真感受。

第⑧課 轉折的重要

其實，「起、承、轉、合」之所以會成為一種「黃金結構」、「標準結構」也是有道理的，哪怕我們先經過自由聯想再作第二階段思路整理，所排列出來的比較理想的大綱，若仔細

分析，往往也還是一種「起、承、轉、合」的結構。

在這樣的結構中，「起」是「破題」的功夫，「承」是延續「起」，將題目主旨作進一步的闡釋，最後的「合」則是總結。一般來說，這三個部分都比較容易控制，不容易處理好的是「轉」這個部分。

實際上「轉」往往是文章中的高潮，如果不先「轉」一下，而很快就進入「合」的話，文章讀起來就會太平淡了。

但是，「轉」要轉得很自然，如此整篇文章讀起來才會有一種行雲流水，非常流暢的感覺。

要怎麼樣才能達到這樣的效果，有四個原則應該注意：

⑴首先，要講求內容的條理性。

⑵要注意內容的聯貫性。

⑶不要用太多「可是」、「但是」、「忽然」、「總之」、「因為」這一類的詞語來作為轉折或過渡，以免累贅，有時，運用段落來作為轉折，會比較乾淨俐落。也就是說，任何一段的段落都最好不要太長。

⑷注意重要線索的安排，注意心理活動的描寫。

例文17 不見了的鑰匙

郭慧君

一個星期日，由於外面正下著大雨，因此我們一家留在家裡。大家都在做自己所喜歡做的事。

但是，我的故事書都讀完了，遊戲又玩悶了，因此我只有躺在床上發呆。不久，媽媽走進我的房間，看到了我的情形，便說：「小光，你怎麼躺在那兒發呆？快收拾好你的房間，看，多麼亂七八糟。」不過，由於我懶得收拾，因此我只躺在那兒不動。結果，在媽媽的催促下，我只好懶懶散散地下床，開始收拾房間。

收拾書桌時，我突然在桌子底下看見一個金銀色的盒子。我想：咦，這不是我以前用來收藏紀念品的盒子嗎？不如我打開看看。於是我拉一拉盒子的蓋子。但是，我怎麼也拉不開，原來這盒子是要用鑰匙開的。我回憶自己曾經把鑰匙放在桌子右邊的抽屜裡，便打開抽屜，咦，抽屜裡竟然沒有鑰匙。我開始緊張起來，把所有抽屜裡的東西都倒出來，搞得房間更亂了，也找不到鑰匙。我也找了房間裡的每一個角落，都看不見鑰匙的蹤影，我急得氣沖沖地走出房間問每一個家庭成員，但他們都說沒看見。

過了一段時間，雨停了。弟弟便興致勃勃的約我到河邊去釣魚。我答應了，我們把魚餌鉤上，然後開始垂釣。弟弟釣魚的技巧真是不錯，過了一會兒便釣到了一條鯉魚。當他把魚拉起來時，我目擊了一個熟悉的東西——原來是弟弟把我的鑰匙當釣魚的工具用了。我急忙用小尖刀把魚線剪斷。弟弟臉上露出不服的表情，我便回瞪了他一眼，他竟又露出無辜的樣子。取回鑰匙後，我們便回家了。

現在，我總算可以去看盒子裡的紀念品了！

這篇文章滿可愛的。明明正在做一件事，因為腦袋中忽然冒出一個意念，於是又心血來潮擱下手邊這件事，而跑去做另一件事……這是很多孩子們常見的通病，就好像在這篇文章中，小作者原本被媽媽勒令收拾房間，卻因無意中看到放在桌子底下的盒子，臨時起意想看看裝在裡面的紀念品，於是又開始找那把能打開盒子的鑰匙。由於這種「五分鐘熱度」、「一會兒東，一會兒西」的特性，在很多孩子身上都看得到，很能引起孩子們的共鳴。「洋溢著一種自然樸素的童真」可以說是這篇作品最大的優點。

但這篇作品也有兩個值得注意的地方：

(1)結構有些鬆散，重點不夠突出。

這篇文章，從題目上看〈《不見了的鑰匙》也有些拗口，似乎不大白

然，可以再斟酌），「尋找鑰匙」應該是重點，因此前面的鋪陳（星期日碰到下大雨，沒法出去玩，只好待在家裡↓媽媽下令收拾房間↓媽媽二度下達命令，只好開始收拾↓收拾書桌時看到桌子底下的盒子↓想打開看看，但沒有鑰匙打不開↓開始尋找鑰匙）可以精簡一些，讀起來才不會覺得太囉嗦。

⑵段落之間的聯繫不明顯，對於主人翁的心理描寫也不夠。

特別是第三段還在描述東找西找、到處都找不到鑰匙，下一段一開頭卻是「過了一段時間，雨停了。弟弟便興致勃勃的約我到河邊去釣魚。我答應了，我們把魚餌鉤上，然後開始垂釣……」給人一種頗為突兀的感覺，一直要耐心讀

完釣魚這一段才能恍然大悟；若是讀者沒耐心讀下去了呢？

這就是「轉折」的工作沒有處理好。

所謂「行雲流水」、「文筆流暢」，簡單的說，就是讓讀者能夠很自然的一路讀下來，中途不會打結，也不會被迫停頓。而語意不清，表達含糊，就很容易讓讀者在閱讀的過程中被迫停下來，或許還要想一想、或回頭再看一看，懷疑自己是不是漏看了什麼？

看看以下的改寫版，謹供參考。

遺失的鑰匙◎管家琪

一個星期日，由於外面正下著大雨，我們一家只好都留在家裡，哪裡也不能去。

不久，我的故事書都讀完了，遊戲又玩悶了，真不知道接下來到底該做什麼才好。媽媽進來，看到我正躺在床上發呆，很不高興，就叫我收拾房間，說我的房間太亂。我也知道我的房間很亂，可是收拾起來實在很麻煩，我才懶得收呢，便大著膽子抗命，繼續賴在床上，直到媽媽一催再催，我才懶懶散散的下床，開始收拾。

收拾書桌時，無意中我在桌子底下看見一

個金銀色的盒子。我一下子就認出這個盒子是做什麼用的，這不是以前我專門用來收藏紀念品的嗎？原來放在這裡！我都忘了！

這麼想著，我突然很想看一看盒子裡的紀念品，那些可都是我小時候的寶貝收藏呀！現在再來看一看，回味一番，一定很有意思。

可是我怎麼拉那盒子的蓋子，就是拉不開，我才想起這個盒子是要用鑰匙開的，那麼，鑰匙呢？

我想了半天，終於有印象了，我記得是把鑰匙放在桌子右邊的抽屜裡。可是當我信心滿滿的打開抽屜，還是找不到！

我開始緊張起來，把所有抽屜裡的東西都倒出來，搞得房間更亂。我拚命找遍房間裡的每一個角落，都看不見鑰匙的蹤影，我急得氣沖沖走出房間問家裡每一個人，但他們都說沒看到。

沒有鑰匙，就表示我永遠也打不開那個盒子，永遠也看不到裡面那些紀念品了！那些紀念品一定都是我小時候的心肝寶貝，一定都是很不容易才收集來的，就這麼永別了，實在是好可惜啊！

正在我傷心的時候，雨停了，弟弟興致勃勃的跑來找我一起去河邊釣魚。我本來不想去的，後來想想去散散心也好，就還是去了。

當弟弟釣到第一條魚，興高采烈地把魚拉上來時，我突然看到一個非常熟悉的東西——這不就是我剛才苦苦尋找的鑰匙嗎？原來它在這裡！原來它被弟弟拿來釣魚了！

我急忙用小尖刀把魚線剪斷。弟弟臉上露出不服的表情說：「你亂丟，我以為你不要了，

才撿來用的，很好用呢。」我瞪他一眼，「誰說我不要，我只是找不到！」弟弟竟然露出很無辜的樣子。我也不管他，取回鑰匙後，我們便回家了。

現在，我總算可以去看盒子裡的紀念品了！

例文18

我做了一件錯事

李家健

一個下午，吃過午餐後，我便愣在家裡沒事做。

於是，我便到附近的公園遊玩。在半途中，我經過了黃伯伯的家，只見他家院子的圍牆前，從圍牆裡伸出一枝枝的石榴枝幹。枝幹上掛著幾棵石榴果，看起來又圓又滑，顏色嬌豔，令我不禁垂涎三尺！我停下了腳步，被那些果實吸引了。

我很想吃那些石榴果，便趁路過的人不注意時，偷偷地把其中一棵石榴果摘了下來。當我想不當一回事地拿著石榴果溜走時，不料院子裡的鐵門打開了。糟了，一定是黃伯伯出來了，我不能讓他知道我的惡行，要不然我又會挨他的罵了。所謂「三十六計，走為上策」，於是我拔腿就跑。

正當我想逃之夭夭時，我一不小心，就被路上的石頭給絆倒了。這一跌，使我的腳也跌得流出了鮮血，我疼得在地上呻吟。

這時黃伯伯發現了我，馬上扶我到他的家敷藥。我還以為他會狠狠地罵我一頓，誰知，他卻用溫和的語氣對我說：「家健啊，你想吃石榴果的話，向我要就好了，你又何必偷採呢？要知道，偷東西是不誠實的表現，你應該趁這事

改過自新，要不然以後就會釀成大禍了。」

我聽了黃伯伯的勸告，覺得很慚愧，便向他道歉。

黃伯伯看我很有誠意的樣子，便摘了幾粒石榴果給我，我接了石榴果，感動得流了眼淚。我這人很矛盾，雖然接了黃伯伯的石榴果，但我心裡卻想：黃伯伯對我那麼好，我怎能就這樣拿了他的石榴果呢？於是，我在離開前把石榴果擱在院子的圍牆上，我深深地為這件錯事而感到慚愧。

經過這次的教訓後，我一定會永遠記住黃伯伯的話，再也不會偷東西了。

在這篇作品中，小作者對於內心活動的描寫，著墨就比較多，而且用具體的事件來呈現黃伯伯的寬大（好言相勸在先，又主動送了石榴果），和小作者的懺悔（接受了黃伯伯的告誡，又覺得對黃伯伯送的石榴果受之有愧），段落與段落之間的聯繫相當密切，還有一種「下文能夠承接上文發展」的效果。有了這些作為鋪墊，最後的轉折（也就是小作者的感言：「經過這次的教訓後⋯⋯⋯⋯」才會顯得那麼的真誠和自然。

我們往往會從挫折和錯誤中得到更大的教訓，以及更深刻的成長。不過，很多個人化的體會其實不需要長篇大論，只要前面鋪陳的工作做得足夠，由事件轉折到感言就會顯得很自然。

我們再來欣賞一篇作品。

例文⑲

考試

鄔斯杰

「華語測驗了！華語測驗了！」大家叫喊著衝進了教室。

「華語測驗！」我一聽這話嚇得直哆嗦。因為我在測驗前幾個星期，不管上課還是下課都沒有認真復習，光想著玩兒了。今天考試可怎麼辦呀！

考卷一發到手，同學們紛紛做起題來。而我卻呆呆地坐著，望著別人答卷，緊握著鋼筆發愁，遲遲沒有動筆寫卷子。這時老師瞪著三角眼走了過來，她生氣地說：「你怎麼不作答？趕緊給我寫呀！」

我聽後更加緊張了，被嚇得緊緊地縮成了一團，老師見我還不快點寫，就把眼睛瞪得老大，使勁盯著我。我不能不知趣，只得動筆了！由於緊張過度，我的大腦已停止工作，不再思考問題了！我急得抓耳撓腮，用手按著腦袋，強迫大腦思考問題，終於想出來幾個，於是我便動筆寫，可我實在是太緊張了，手顫抖的無法受大腦支配！且不說手不能受支配，一個個小毛病又來了，我開始先冒虛汗，然後坐立不安，最後又開始內急，使我難以忍受！

第二天卷子分發回來了，我才得八十八分！語病出錯扣了三分、組詞錯了扣了零點五分、按原文填空錯了扣了一分……

打這以後，我不管有沒有考試，只要一有時間就會認真地去復習。在課間裡我經常拿著書復習，上自習課時我如果做完作業就會抽時間復習，午飯過後，別的同學都去玩兒了，而我卻在教室裡復習！

一次，數學進行小測驗，因為我課下已經復習得差不多了，所以一點也不覺得緊張，顯出非常從容的樣子。卷子一發到手，我立刻動筆寫，這次小測驗我非常放鬆：手一點都不哆嗦了、頭也不覺得疼了、腦筋也非常清醒……不一會兒，我就做完了卷子的一半，就差五道應用題了，我先瀏覽了一下題型，自言自語地說一聲「小意思！」。因為我腦子反應十分清醒又靈敏，所以我只讀了一遍題目就能理解題目的意思了，動筆寫就更快了。「唰唰唰」我三下五除二

就寫完了一道題，以這個速度我一次寫完了剩下的應用題，把卷子交出去了。

當天晚上我做了一個美夢，夢見自己考試得了一百分！結果第二天考卷發回來，一看，自己竟然心想事成，果真得了一個一百分。

透過復習與考試，使我懂得一個道理：所學過的知識要不斷地復習鞏固，因為這樣知識才會記得牢固扎實！

「所學過的知識要不斷地復習鞏固」——這是多麼淺顯易懂的道理，簡直可以說是老生常譚，可是小作者用了對比的結構，以前後兩次考試（儘管一次

是華語測驗，一次是數學測驗，但是學習的道理是一樣的），來作生動豐富的鋪墊，這麼一來，最後的轉折（也可看作是一個總結）就顯得很自然，也很有說服力。

創意作文 Q&A

Q：如果想要寫出一個「意外的結局」讓讀者讀到最後都覺得意想不到，前面好像就不敢提太多，這樣的話，該怎麼樣才能自然的轉折呢？

A：理想的「意外的結局」，應該是讓讀者既感到意想不到，但若仔細一想，又會覺得合情合理，甚至是一切都在情理之中。就好像我們看推理小說，

儘管壞蛋往往是那個最不可能、最沒有嫌疑的人，但是到了最後作者向讀者揭露謎底時，總要有一個很有說服力的解釋，否則就會讓人有一種生硬突兀、好像隨便抓一個傢伙當作壞蛋來交差的感覺。所以，大家不能為了追求要有一個戲劇性的結尾，而忽略了前面的鋪陳。每篇作品都應該有一條所謂的「主線」，也就是「主要的線索」，讓讀者讀來有一種「順藤摸瓜」的感覺，這麼一來，在接近結尾的轉折才能顯得非常自然。

Q：要怎麼來安排文章的線索呢？

A：大體說來，有六種常用的方式——

(1)以主要事件為線索，譬如，例文十八〈我做了一件錯事〉，小作者描寫自己怎樣一念之差偷摘了黃伯伯家的石榴果，然後如何在黃伯伯寬大胸襟的感召下，認識到自己的錯誤，進而決心今後再也不偷東西；又如，例文十六〈重生的感恩〉，小作者描寫自己三年前所患的那場大病，以及整個治療的過程等等。

⑵以作者思想和感情的變化過程為線索。譬如，例文十〈不同凡響的生命力〉，小作者從一棵不起眼的仙人掌體會到生命韌性的過程等等。

⑶以具體的物品為線索。譬如，例文十三〈我的玩具狗〉等等。

⑷以抽象的「東西」為線索。所謂「抽象」，是指看不見、摸不著，卻可

以真真切切的感受到，譬如「談友愛」、「論勤奮」等這一類的題目。

⑸以作者的感官經驗為線索。譬如，例文九〈看日出〉、例文六〈黃昏的漁村〉、例文七〈早晨〉等等。

⑹以作者的幻想為線索。譬如，例文三〈文字國〉等等。

Q：該怎麼樣來替文章結尾呢？

A：文章的結尾確實非常重要，好的結尾能為整篇文章「加分」不少，否則就無異於留下一個格外顯眼的缺點。

結尾最怕碰到「虎頭蛇尾」以及「畫蛇添足」這兩種情形。大體說來，好的結尾不外乎以下三種——

⑴能夠首尾呼應，增加讀者對於整篇文章的印象。譬如，例文十五〈我最後悔的一件事〉。

(2)能夠作總結性的處理，再次強調文章的中心精神。譬如，例文十四〈我怎樣戒掉壞習慣〉。

(3)能夠留下餘味，引發讀者的想像和思考。譬如，例文三〈文字國〉、例文十〈不同凡響的生命力〉等等。

動動腦

⑴有人說「文章的開頭最重要，開頭開得好，才能吸引別人讀下去」，有人說「文章的結尾最重要，結尾結得好，才能產生畫龍點睛的效果」，也有人說「文章的轉折最重要，轉折轉得巧妙，才能讓人拍案叫絕」……你認為呢？

⑵如果你已經有了關於一篇文章所需要的材料，該怎麼做才能使這些材料具備條理性和聯貫性呢？

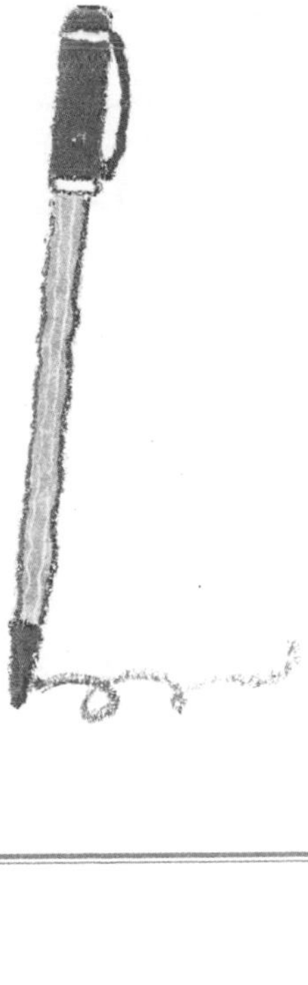

作文DIY

⑴挑選三篇你喜歡的散文，分析一下它們主要是以什麼線索在貫穿全文。
⑵找出三篇自己的作文，重新改寫，試著加強轉折及結尾。
⑶寫一篇「我最○○的一件事」。

第⑨課 擴寫和縮寫

很多小朋友的作品，往往都像是一棵光禿禿的樹幹，三言兩語就講完了，實際上如果能夠多說幾句，多增添一些枝葉，文章就會豐富得多。

所以，練習「擴寫」將能對你作文能力的提升，產生明顯的幫助。

什麼是「擴寫」呢？就是在原有內容的基礎上，進行擴充。或者，你也可以就理解為「加油添醋」。

我們不妨先以一個成語故事《熟能生巧》來作擴寫練習。

這個故事是這麼說的：

有一個人，非常擅於射箭，大家都說他是一個百發百中的神箭手，都對他非常敬佩。這人經常受到大家的稱讚，覺得自己的射箭功夫真的是天下無雙，便驕傲自滿起來。

有一天，這人又當眾表演射箭，圍觀的人都大聲喝采。這時，有一個賣油的老先生剛好經過，看到之後，就說：「這有什麼了不起，只不過是手法熟練一些罷了！」

神箭手大怒，認為老先生是藐視他。老先生說：「我不是藐視你，只是從幾十年的酌油經驗中知道了這個道理。」

說著，就取出一個裝油的葫蘆，在葫蘆口上放一枚有孔的銅錢，然後打了一勺油，高舉著油勺就往葫蘆裡倒，只見倒下來的油就像一根金線似的，穿過了小小的銅錢口，注入了葫蘆裡。等到油倒完了，老先生把銅錢拿起來給大家看，錢孔周圍竟沒有一絲油漬。

大家都讚歎不已，老先生說：「這也沒有什麼了不起，只不過是熟能生巧罷了。」

神箭手聽了，非常慚愧。

後人便將這個故事引申為「熟能生巧」這句成語。故事中的神箭手是北宋時期一個叫作陳堯咨的人。

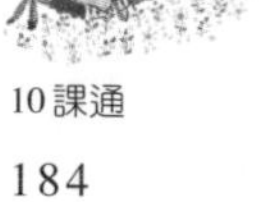

這個故事實在是很有教育意義，它告訴我們，萬事起頭難，所有事情一開始都是困難的，但只要不怕難，堅持做下去，做久了、經驗豐富了之後，自然能找到解決困難、改進效率的方法。同時，學無止境，千萬不要那麼容易自滿，我們所學的知識和本領才有可能繼續精進。

同樣的故事，剛才那樣的寫法大約是四百字，如果要寫成一千字，或許可以這麼寫：

有一個射箭高手，從小就對射箭非常入迷，也非常的有天分。

他練箭非常勤奮，而由於他的技術高超，每回練箭，周圍總是圍滿了欣賞的人，叫好聲此起彼落，漸漸地，這位射箭高手就產生了一種驕傲自大的心理，認為自己能有這麼傑出、這麼優異的本事，實在是了不起。

有一天，射箭高手又在射箭場上練習射箭，他一連射出十支箭，竟有九支射中了靶心。

「哇！好厲害啊！」圍觀的群眾紛紛熱烈鼓掌。

射箭高手得意地環顧一下四周，向群眾點點頭。

忽然，他注意到一個賣油的老先生，臉上非但沒有別人那種熱烈和讚許的神情，好像反而還有一種「這點本事也值得大家這麼大驚小怪？」的樣子。射箭高手的心裡頓時很不舒服。

他走向那位老先生，有些尖銳地問：

「你會射箭嗎？」

老先生搖搖頭，「不會。」

射箭高手心想：「噢，原來是一個外行人，難怪不能欣賞我的箭術。」

但射箭高手還是忍不住問道：「你覺得我射箭射得怎麼樣？」

「還可以，」老先生說得十分平淡，而且隨即又補了一句：「不過我看也沒什麼了不起，無非就是技巧熟練一些罷了！」

「無非？」射箭高手聽了，非常不以為然，「老先生，那是因為您不懂射箭，才會這麼說，其實射箭沒這麼容易啊！」

「是嗎？」老先生笑笑，「那請你看看這個。」

老先生將一個裝油的葫蘆放在地上，再將一個中間有孔的銅錢蓋在葫蘆嘴上，然後從油簍裡舀起　勺油，他將勺子高高地舉過頭頂，手腕一抖，勺裡的油就形成一條細細的金線似的，十分精準地穿過蓋在葫蘆嘴上那枚銅錢中間的孔而注進了葫蘆之中！

銅錢中間的孔是那麼的小，老先生竟然能使油穿過那小小的孔而注進葫

蘆，實在是太神奇了！而且，在葫蘆裡的油注滿之後，老先生把銅錢拿起來給大家看，銅錢表面包括那小小孔眼的四周都乾淨得很，一點兒油漬也沒有。

「哇！太厲害了！」大家都對老先生這手絕活報以熱烈的掌聲。

連剛才那位趾高氣昂的射箭高手，對老先生的本事也佩服得五體投地。

老先生擺擺手，仍然只是若無其事的笑笑，淡淡地說：「哪裡哪裡，其實這也沒有什麼，只不過是手法熟練一些罷了。」

射箭高手覺得很慚愧，「熟能生巧」，他現在總算是能夠體會老先生的意思了。

當然，這樣的寫法並不是一個範本，只是提供大家作為一個參考。

特別是在練習作文的階段，如果常常作擴寫練習，不僅對你的文字表達能力會有所幫助，同時也很能提高你的閱讀理解能力，以及想像能力。

接下來，我們要談一個與「擴寫」相對應的概念，那就是「縮寫」。

什麼叫作「縮寫」？如果我們用「加油添醋」來理解「擴寫」，那麼「縮寫」就是「提煉精華」了。

近代著名的文學家梁實秋認為，作文有三個階段。第一個階段是「想像不充，聯想不快，分析不精，辭藻不富」，以致「文思不暢」，只能「搜索枯腸，敷衍成篇」；第二個階段則是如東漢文學家班固所形容的「下筆不能自休」，以致常常變成「洋洋灑灑，拉拉雜雜」；梁實秋先生說：「作文知道割愛，才是進入第三個階段的徵象。」

梁實秋先生認為，凡是「不成熟的思想，不穩妥的意見，不切題的材料，不扼要的描寫，不恰當的詞字，通通要大刀闊斧的加以削刪。芟除枝蔓之後，才能顯著整潔而有精神，清楚而有姿態，簡單而有力量。」

（以上均見梁實秋先生〈作文的三個階段〉一文。）

梁實秋先生的看法，確實很值得我們學習和思考。

我們來欣賞一篇小朋友的作品。

例文 20

開學噩夢

陳家正

過了兩個星期的假期後，又要開學了。每一個人都有自己的方式度過假期。一些人會去露營，一些會去戲院看電影，一些在家無所事事，還有一些則會去外地遊玩。

在這世界上，不是每一位學生都喜歡學校假期。對於不會安排他們自己時間的學生，假期是痛苦的。在假期裡沒有了功課和課本，日子不知道要怎麼過。

假期的來臨，是最興奮與期待的一刻。在假期裡，我可毫無約束的遊玩，因為沒有求學壓力，沒有煩人的功課和作業，真是快樂似神仙。有時候，漫長的假期會讓我覺得無聊。

在假期裡，我和往日一樣都是一個人在家。父母忙著工作，沒時間陪我，我惟有一個人在家對著那四面牆發呆。不斷地對著它，恐怕我會患上兒童癡呆症。

在假期裡，我也可以在家無憂無慮，沒有壓力地躺在冷氣房裡看漫畫、小說和雜誌。有時候還可以做白日夢而不怕被老師責罵，真是有趣！

我家裡的漫畫、雜誌和小說包羅萬象。只要能引起我興趣的書，不管是文的武的，都能讓我廢寢忘食，啃得天昏地暗，不知天上人間，幾乎要走火入魔，完全可以讓我暫時逃避煩惱的事情。

在假期裡，我會到書局裡買書。我在書局最便宜的折扣書堆裡撿拾愛看的書。除此以外，我還搬了最新系列的十幾本小說回家。回家後，我像海綿般盡情吸收，我終於把那堆書讀完了。那種成就感和滿足感是無法形容的，我頓時覺得自己非常有學問！

假期結束了，因為我習慣了在假期過著「放縱」的生活，想到開學後那做不完的功課、讀不完的課本、上不完的課、考不完的試，還有父母和老師嘮叨

不完的教訓……就要大大地唉聲歎氣一番了！

我只要閉上眼睛想像一下那種場面，就覺得非常可怕了。於是，每一次在開學前我一定會做噩夢，這成了慣例。我從小學一年級開始，每一次假期結束後，開學前一兩天的晚上，我都會做噩夢，而且夢到的情景每一次都是相同的，很嚇人。

我不知道這是怎麼一回事，每一次的開學的噩夢，都是功課沒做完、校鞋沒有洗、校服和校鞋不見了、校服還沒熨、書包不見了、書包還沒收拾、睡過了時間、校車走了……總之找到了一件，另一件又不翼而飛；做完了一樣，另一樣連動也沒有動過。

每一次心裡都非常害怕惶恐，然後就會哭醒過來。醒過來後，我的心總是

跳得很快，彷彿要跳出來了。

我不知道這又是怎麼一回事地坐在床上迷迷糊糊地哭了起來。我的母親總是以為我在白天玩得太瘋狂，才會日有所玩，夜有所夢。這樣的噩夢一直從小學陪伴著我到中學。

有時候我在想，這噩夢會不會消失？消失後我的生活會不會有所改善？改善後我的生活又會如何？有時我也在想，克服這噩夢的方法，每一次都弄得我頭昏腦脹。

其實，我知道自己不是不喜歡上學讀書，只不過是想到學校裡那煩人的功課會排山倒海衝向我，就不禁使我想放棄學業，尋找人生樂趣。在學校裡，有很多事情令人期待，也有很多事情令人惶恐不安。

讀書考試對我來說，還算能夠應付。可是在學校裡的人際關係卻讓我有「想要又很難得到」的惶恐不安，又期待又害怕受傷害！在學校裡，我不是沒有談得來的同學和肯定自己的老師，而是在自己的潛意識裡總是期望每一個人都喜歡自己，而且期望自己樣樣都行，樣樣都被肯定。

當我回到現實世界又不是這樣的。不安的情緒浮上心頭，覺得自己總是不夠好，所做的事總是不夠完美——好像找到了書包，又不見了校鞋一樣——感覺又難過又無奈。

當我升上中學之後，我買了許多與夢有關的心理學書。我看完那些書後，才了解到夢是有意義的，夢是我的潛意識有話要對自己說。從那個時候開始，我學習心理學書本裡的教導，去「感覺夢裡的感覺」。

我會在夢裡告訴自己「不要緊，找不到不要緊，做不完不要緊，你不會失去什麼的，你也不會受到任何的傷害。你只要平靜下來，慢慢地想，慢慢地做，不見了的東西自然地會自己跑出來，做不完的功課自然地會做完。」

當我平靜地從夢中蘇醒過來後，沒有了往日那種害怕惶恐的感覺了。現在，我比較能夠自在地看待自己的不完美。從此，這噩夢的次數就明顯地減少了。

這個噩夢帶給我許多人生啟示。現在我的生活有了很明顯的改善。我的性情變得安詳不暴躁了。家人說我的個性和態度也有了很大的改變。我很高興，因為我終於找到克服這噩夢的方法。從此以後，我開學時不再有惶恐的感覺了。

我希望我可以從此擺脫這噩夢，噩夢不再煩著我，不再出現在我的生活中，從此消失得無影無蹤。

每逢開學前夕，報章雜誌和電視總免不了一些呼籲家長趕緊為孩子作「收心操」的報導，可見大人對孩子們不喜歡開學、甚至害怕開學的心情是約略有所了解的，可是這些了解往往只是停留在最表面的層次，孩子的心裡究竟是怎麼想的呢？恐怕沒有幾個大人能夠說得清。

這篇作品，小作者就是對這種有些排拒開學的心理，以及自己最終克服「開學噩夢」的過程作了一番梳理，取材既生活化又頗為獨特。

不過，這篇文章的篇幅頗長，有兩千字，如果能稍加裁剪，讓文章的節奏更緊湊一些，效果應該會更好，重點將會更突出。

以下就是謹供參考的縮寫版（一千字）。

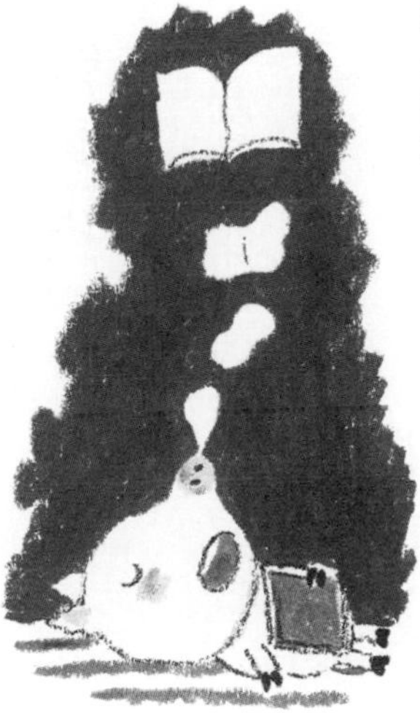

我擺脫了開學噩夢◎管家琪

從小學一年級開始，每一次在假期的尾聲，也就是在開學前一兩天的晚上，我都會做噩夢。

夢中的情景幾乎都是一樣的，都是夢到在開學當天，才猛然發現功課沒做完、校鞋沒有洗、校服還沒燙，然後又找不到書包，好不容易找到了也還沒收拾，接下來，校車又跑了！……

每一次，我在夢裡都非常害怕和惶恐，然後就會哭醒過來，在剛醒過來的那一瞬間，我的心總是跳得很快，彷彿都要跳出來了！

我不知道這是怎麼回事，只能坐在床上迷迷糊糊的哭，既無助又困惑……同樣的噩夢一直延續到我上中學。

媽媽總認麼我一定是在白天玩得太瘋，才會做噩夢。但真的是這樣嗎？等到我漸漸大了一點，我開始試著分析自己為什麼老是做這種同樣的開學噩夢。

是我不會安排生活嗎？對於不會安排自己時間的學生，假期是痛苦的，日子簡直不知道該怎麼過。可是在假期裡我總是看了很多的書，讓我很有成就感和滿足感呀！

是我總是一個人待在家嗎？可是父母都忙著工作，他們又沒有假期，不能在家陪我也是可以理解的，再說一個人在家也滿自由的呀！

是我不喜歡上學嗎？不是的，讀書考試對我來說，一直都還算能夠應付……我忽然想到，和同學們之間的關係，倒是經常會讓我感到惶恐不安。我不是沒有談得來的同學和肯定自己的老師，只是或許我在潛意識裡總期望自己樣樣都行，樣樣都被肯定，每一個人都喜歡自己，而實際上這又是不可能的，因此我就會覺得又難過又無奈。

在我升上中學以後，我看了許多與夢有關的心理學書籍，才了解到夢是有意義的，表示在我的潛意識中有話要對自己說。於是，我開始學習心理學書籍裡的教導，去「感覺夢裡的感覺」。

我會在夢裡告訴自己：「不要緊，找不到不要緊，做不完不要緊，你不會失去什麼的，你也不會受到任何的傷害。你只要平靜下來，慢慢地想，慢慢地做……」

當我終於能夠平靜的從夢中蘇醒過來，就再沒有以往那種害怕和惶恐的感覺了。現在，家人都說我的性情有了很大的改變，沒以前那麼暴躁了，我的生

活也隨之有了明顯的改善。我想，是我現在比較能夠自在地看待自己的不完美，從此再做開學噩夢的次數就明顯地減少了。

我真高興，因為我終於找到了克服這個噩夢的方法，真正擺脫了開學噩夢！

若能經常作縮寫練習，可以訓練我們的組織思維以及抓重點的能力。（順便一提，在寫讀書心得的「內容大意」或「內容簡介」時，也可以得到這方面的訓練。）

縮寫練習也可訓練我們提高文筆精鍊的能力。對於想加強文字表達能力來說，「精鍊」也是很重要的。

美國近代著名文學家，也是《老人與海》、《戰地鐘聲》的作者海明威（1898-1961），作品素以簡潔著稱，當別人詢問他的祕訣，怎麼樣才能養成這種簡潔的文風時，海明威的回答是：「站著寫。」這是真的，海明威每天工作的時間很長，但他總習慣站著寫作，而且往往還是單腳站著，以「金雞獨立」的姿勢寫作！他的理由是，保持這種姿勢，可以使他一直處於一種緊張的狀態，因而迫使自己盡可能簡短扼要的表達思想。

我們當然不必盲目效法海明威站著寫作（實在是太累啦！）每個作家多多少少都有一些自己特殊的習慣，不是別人學得來的；若只學人家的表面功夫，學不到實質的精神，也沒什麼意思。譬如，與其學海明威站著寫作，還不如藉由縮寫練習慢慢使自己的作品更加精鍊。

還記得我們在第一課中曾經說應該勤於修改嗎？或者你也可以在第一次初稿階段，盡可能的寫，就算有點兒囉嗦、過於詳細也不要緊。對於寫作經驗不是太豐富的人來說，確實會有好像不管花了多少篇幅也仍然沒辦法把一種感覺描繪清楚的困擾。有了初稿之後，再拿來縮寫（這其實也就是一種修改），得到的二稿絕對會比初稿好得多！

創意作文Q&A

Q：「擴寫」有什麼技巧嗎？

A：(1)不是每一句話都要加油添醋成三句話講，那樣得出來的作品只會又臭又長。擴寫要在原文的基礎上，挑選重點來加油添醋。

⑵哪些重點呢？比方說——

①情節的轉折，若增加一些描寫，可以使轉折更順暢。

②人物的動作、表情和內心活動等等，若能增加一些描寫，會使人物更生動、也更有說服力。

Q：那麼，「縮寫」又有什麼技巧？

A：⑴縮寫同樣要在原文的基礎上進行加工，也就是說，你可以壓縮文句，集中重點，但不要改變原意。

⑵縮寫要特別注意整篇文章經過壓縮之後，段落與段落之間的聯繫避免過分生硬，前後仍然要聯貫得很自然。

Q：我們可以任意挑選文章來進行縮寫和擴寫嗎？

A：如果你只是當作自己個人的寫作練習，或是老師課堂上的作文

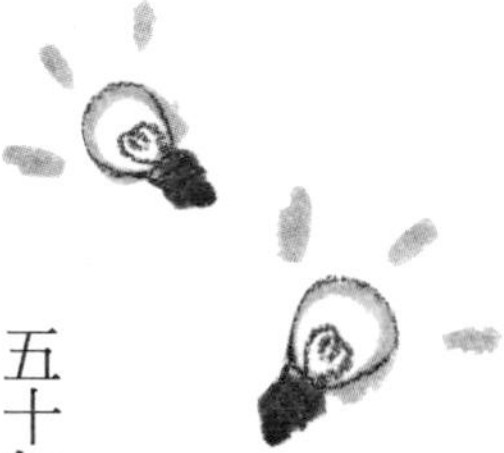

練習，倒是無可厚非，可以任意挑選你喜歡的文章來進行縮寫和擴寫的練習，可是如果你想要發表（就是說想把縮寫或擴寫的文章拿去投稿），那就得注意著作權的問題。由於著作權是保護作者死後五十年，所以，拿古典文學來縮寫或擴寫就沒有問題了。

Q：一篇文章的好壞和長度有關係嗎？

A：文章的好壞，與長度無關。大概絕大多數的作家和文藝理論家都是持這樣的看法。如梁實秋先生就說：「文章要講究氣勢的寬闊、意思的深入，長短並無關係。……文章之過長過短，不以字數計，應以其內容之需要為準。常聽見人說，近代人的生活忙碌，時間特別寶貴，對於文學作品都喜歡短篇小說、獨幕劇之類，也許有人是這樣的。不過我們都知道，長篇小說還是有更多的人看的，多幕劇也有更大的觀眾。人很少忙得不能欣賞長

篇作品。倒是冗長無謂的文字，哪怕只是一兩頁，懨懨無生氣，也令人難以卒讀。」（見梁實秋先生〈作文的三個階段〉一文）

動動  腦

(1)你認為「擴寫」和「縮寫」，哪一種比較難？為什麼？

(2)該怎麼樣突出文章的重點？又該怎麼樣集中文章的重點？

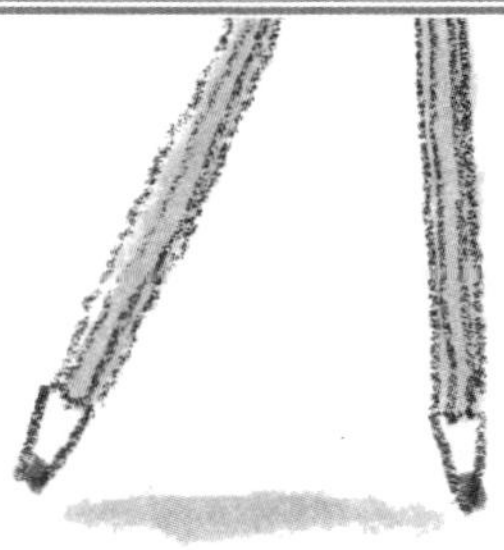

作文DIY

⑴挑選一則課文來進行擴寫練習，再挑選另一篇課文進行縮寫練習。

⑵看看自己寫過的作文，挑選一篇作擴寫，再挑選另一篇作縮寫。

第10課 自我審查

請大家先回答下面二十個問題：

(1)你有字典嗎？

(2)你有查字典的習慣嗎？

(3)你查過百科全書嗎？

(4)你會翻閱報章雜誌嗎？

(5)你對時事有一定的了解嗎？

(6)看課外書是你主要的休閒活動之一嗎？

(7)你願意接觸不同類型的書籍嗎？

(8)你喜歡玩「找找看這兩張圖有幾處不一樣」的遊戲嗎？

(9)學校裡一般都會張貼著勵志性的標語，你能說出三個以上嗎？

(10)請專注看一件物品（文具或玩具）一分鐘，然後閉上眼睛，你能具體的描述它嗎？

(11)你會做白日夢嗎？

(12)你會經常攜帶紙筆嗎？

(13)你有過被感動得想哭的經驗嗎？

(14)寫作文時你能有一種良好的認真的心態嗎？

⒂寫作文時你有擬大綱的習慣嗎？

⒃寫完作文你會修改嗎？

⒄你會保留自己的作文本嗎？

⒅你有記札記的習慣嗎？

⒆你有記日記的習慣嗎？

⒇你會依賴作文範本嗎？

這二十個問題，除了最後一個問題，其他問題的答案都應該是肯定的。

現在，我們就來稍加說明。

關於⑴：學習任何一種語文，字典都是必備的工具。

關於⑵：很多小朋友碰到不認識的英文單字，還曉得要去查查字典，可是碰到不認識的中文，卻往往只是「有邊念邊，沒邊念中間」；在寫作文時，若碰到不會寫的字，也總是隨便寫一個同音字，要不就是乾脆故意寫得潦草一點想混過去，這樣都是很糟糕的。碰到不會的字，一定要查字典，碰到不懂的成語，更要查成語詞典，以後才不會誤用。此外，每一個成語或俗語，其實背後都有一個故事，應該對這些故事有所了解，一方面對成語的印象才會深刻，一方面也會在無形中累積自己的文化知識。

關於⑶：如果家裡有百科全書當然最好，就算沒有也不要緊，只要你會主動去圖書館查閱百科全書就可以了。或是上網查也行。電腦是一個非常方便的工具，特別是用於查資料，別只拿它來聊天，或是當成大玩具，只用來打遊戲。很多孩子都喜歡追著大人問「為什麼？」如果你能勤於自己去查閱，找尋答案，你的知識才能不斷累積，這些都將會從筆端流露出來，成為你作品的優勢。

關於⑷和⑸：想要作文寫得好，關心的面一定要比較廣。

關於⑹：雖然我們不可能說多看五本、十本課外書，作文就一定能提高一分、兩分，但是多看課外書肯定還是會對作文很有幫助。從語文學習的角度，光看課本也是不夠的，也要盡量多看課外書。每一種語文，都不僅僅只是一個工具，而是代表著一種文化，只有當你能夠掌握語文背後的文化，語文才可能學得好。而要如何掌握文化？當然就是要靠大量的閱讀。

關於⑺：書本既然是「精神食糧」，就不宜太偏食，這樣營養才會均衡。

關於⑻：這種遊戲很能訓練你的觀察力。

關於⑼：這也是考驗你的觀察力。此外，學校裡這些充滿勵志性的標語都不會是隨便貼貼的，而是老師們特地挑選出來用來鼓勵小朋友的，平時多留心

這些標語，了解它們的含意，說不定什麼時候作文還能夠用得上。（不過，在作文中若要引用什麼「名人名言」一定要小心，首先不能弄錯，不能張冠李戴，明明是牛頓說的話卻寫成是愛迪生說的，引述的「名言」更是要完全正確；其次，是要引用得很自然，不要像硬生生插進去似的。）

關於⑽：這是一種觀察訓練，訓練你「耐煩」，懂得注意細節。

關於⑾：美國當代著名的博物學家，被世人親切的尊稱為「螞蟻先生」的威爾森，從小就喜歡流連於野外，似乎完全失去時間觀念。威爾森曾經說：「人在成年以後，往往便遺忘了青少年的心情多麼容易墜落於憂悶的深淵。他們老是低估心智在白日夢和無目的的閒逛之際，所獲得的成長空間。」確實是如此，其實做做白日夢，讓自己的思想自由奔放，還可以乘著想像的翅膀上天入地，盡情遨遊，不僅有助於我們排遣壓力，有利於心理健康，就算是對作文也會大有幫助。

關於(12)：所謂「靈光乍現」，你不知道什麼時候腦袋中會靈光一現，突然出現一個好主意，你只能隨時做好準備，盡可能隨身攜帶紙筆，這樣在靈光乍現的時候就可以趕快記下，讓它自然而然的進入到我們的大腦中慢慢醞釀。

關於(13)：那些真正打動過自己的人或事，都是值得寫的素材。

關於(14)：「心態決定一切」，凡事只要能認真面對，肯用心，結果必然大不相同。

關於(15)：如果我們有良好的生活習慣，生活一定會有條不紊，輕鬆很多；想要作文寫得好，也一定要養成擬大綱的習慣。

關於⒃：很多小朋友一寫完作文就立刻迫不及待丟下筆，做別的事去了，連再看一遍的耐心都沒有，如果是這樣匆匆交上來的作文，品質如何是可想而知的。作文寫完之後，一定要肯耐煩的修改，這同時也是一種認真面對作文的態度。

關於⒄：保留自己的作文本，隔一段時間，稍微沉澱一下，再拿出來看一看，客觀的分析一下，看看有什麼地方可以加強，這樣對作文將會很有幫助。

關於⒅和⒆：想要作文寫得好，其實不可能有捷徑，唯有多看多寫。在「寫」這方面，如果能在認真完成作文功課之餘，還能多寫寫札記甚至是日記，經常磨鍊自己的文筆，對於提高作文水平當然是很有幫助的。

關於⒇：如果能多觀察欣賞別人的作品，多花些心思研究別人的長處，本來是一件好事，對提高自己的作文能力也

會產生正面的幫助。可是作文範本原本應該只是一種參考的作用，若你太過分依賴它，甚至把它當成「標準答案」似的背誦，臨到需要作文的時候就趕緊拿來「仿作」一番，這樣就非常不好了，或許可以一次兩次混到一些分數，但是對於提升你整體的作文能力是不會有什麼幫助的，反而會有負面的影響，會在無形之中不斷扼殺你的創意以及獨立思考的能力。還記得嗎？我們前面也曾經強調過，作文所要考驗的不僅僅只是你表面上所呈現出來的用字遣詞，更考驗著你的組織能力以及你個人的語文程度、精神面貌。「仿作」本來是走向「創作」必經的過程，但若一直停留在「仿作」，過分依賴「仿作」，以「仿作」「掙」來的分數為滿足，就長期看來，對於你作文能力的提升當然是絕對有害的。

創意作文 Q&A

Q：其實我滿喜歡看書的，也看了不少書，在班上同學中，我看的課外書算是多的，可是我的作文分數並不見得會比人家好，而且我也不大喜歡寫作文，這是為什麼？

A：是啊，雖然想要提高作文能力唯有多讀多寫，但喜歡看書的人不一定就喜歡寫，甚至也不一定寫得好，這確實是一個滿普遍的現象，這或許有多方面的原因，比方說，對老師指定的作文題目不感興趣，作文習慣不佳（還沒有想好就匆匆下筆等等）。當然，老師的打分標準也是一個很重要的原因，這中間有很強的主觀成分，文學永遠不可能像算術中「1+1=2」

那樣的精確和一致。你問一百個人「1+1等於多少？」答案一定都是「2」，不可能會有別的答案。可是同樣一篇文章，請三位評審看，即使大家事先說好的標準都很一致，都要看主題意識、文字能力、結構、創意等等，評審們所給出的卻很可能是三種分數。在成人世界中，這個文學獎的落選作品拿去參加另一項文學獎，居然贏得大獎的事也不是沒發生過，甚至發生過不止一次，就是因為碰到的評審口味不同。大家不必太在意作文分數的高低，是金子就總會發光的，只要你認真面對作文，把基本功夫做好，作文能力一定會慢慢有所提升，只是需要一個累積的過程。更何況多讀書會帶給我們多方面的收穫，絕不僅僅只是會對作文有幫助而已。

Q：我也很喜歡看書，可是我很怕寫讀書心得，該怎麼辦？

A：想到看完一本書還得完成一篇讀書心得，確實好像挺殺風景的，不過，小朋友最好還是試著調整一下心態，不要那麼排斥寫讀書心得，因為從寫讀書心得的過程中，會使我們得到多方面的助益——

(1)可藉此檢查一下你對這本書基本資料的了解是否正確？很多小迷糊看完書後連作者是誰都搞不清。

(2)你如何用短短一兩百字來介紹這本書大概在講什麼？（寫「本書大意」）無形中其實是在訓練我們組織歸納的能力。

(3)為了寫讀書心得，把書只大略看過一遍是絕對不夠的，勢必得多看幾遍，這樣就會使你注意更多的細節，增加對這本書的吸收。

(4)一篇讀書心得，除了書的基本資料介紹、書的大意介紹之外，很重要的一部分當然就是你閱讀後的心得，為了寫好這一部分，你就必須多思

考，設法多挖掘自己的感想，這些都是很有正面幫助的。

Q：老師會讓我們班上的同學互相改作文，我覺得改同學的作文好像比改自己的作文容易些？

A：的確如此，這大概就是一種「敝帚自珍」的心理（意思是說，哪怕是一把破掃把，只要是自己的，都是很值得珍視的），這其實也是一種很正常、很普遍的心理，是很多人都會有的，所以要改自己的作文，最好能將作文先放一放，不要立刻改，這樣間隔了一段時間之後再看，或許會比較客觀，不過這也很難說，很多大作家如托爾斯泰、海明威，他們的書稿都是一改再改，不斷的改，眼看都到了最後關頭，馬上就要拿到印刷廠去印了，他們還在改！（他們的出版商一定要瘋了！）

Q：寫日記有什麼技巧嗎？

A：⑴不要記流水帳，每天最好只記一件事。所以，在下筆之前，要先花一點時間來想一想，從一整天裡挑出一件最值得記的事。這同時也在訓練我們培養「下筆之前多想一想」的習慣，類似「審題」的功夫。

⑵只要是值得記的事，長短不拘，但一定要把意思表達清楚。

⑶日期和氣候等還是應該注明，這些資料性的紀錄眼前看起來或許有點兒囉嗦，其實在日後查閱起來就會覺得很方便也很重要。

當然，還有一點，不管是日記或札記，都應該是一個私人的空間，這樣你才會有寫的興趣，也才會去認真經營。這樣的日記，也是一個最好的成長紀錄，日後翻閱起來，會使你更為了解自己，這是非常可貴的。其實，這才應該是寫日記最大的價值，間接也磨鍊了文筆反而是其次。

動動腦

(1)有一句話叫作「工欲善其事，必先利其器」是什麼意思？以作文這件事來說，所謂的「器」應該是指哪些東西？

(2)你認為「讀」和「寫」應該是一種什麼樣的關係？在你自己身上表現出來的又是怎樣的情形？

作文DIY

(1)做一下本課所列出來的二十個問題，然後作些檢討，列出未來改進的方向。

(2)寫一篇「我的夢想」或「令我最感動的一件事」。

作文簿

作文簿

作文簿

作文簿

作文簿

國家圖書館出版品預行編目資料

管家琪教作文：創意作文 10 課通／管家琪作；
賴馬繪圖 . --初版 . --台北市：幼獅， 2008. 2
面；　公分. --（多寶槅. 文藝抽屜；152）
ISBN 978-957-574-694-0（平裝）
1.語文教學 2.作文 3.寫作法 4.小學教學

523.313　　96025490

·多寶槅152·文藝抽屜

管家琪教作文：創意作文 10 課通

作　　者=管家琪
繪　　者=賴馬
出 版 者=幼獅文化事業股份有限公司
發 行 人=李鍾桂
總 經 理=王華金
總 編 輯=劉淑華
編　　輯=林泊瑜
美術編輯=裴蕙琴
總 公 司=10045 台北市重慶南路 1 段 66-1 號 3 樓
電　　話=(02)2311-2832
傳　　真=(02)2311-5368
郵政劃撥=00033368

門市
●松江展示中心：10422 台北市松江路 219 號
電話：(02)2502-5858 轉 734 傳真：(02)2503-6601
●苗栗育達店：36143 苗栗縣造橋鄉談文村學府路 168 號(育達科技大學內)
電話：(037)652-191 傳真：(037)652-251

印　刷=燕南彩色印刷有限公司
定　價=250 元
港　幣=83 元
初　版=2008. 02　五刷=2014. 02
書　號=988133

幼獅樂讀網
http://www.youth.com.tw
e-mail：customer@youth.com.tw

行政院新聞局核准登記證局版台業字第 0143 號

幼獅文化公司／讀者服務卡／

感謝您購買幼獅公司出版的好書！
為提升服務品質與出版更優質的圖書，敬請撥冗填寫後（免貼郵票）擲寄本公司，或傳真（傳真電話02-23115368），我們將參考您的意見、分享您的觀點，出版更多的好書。並不定期提供您相關書訊、活動、特惠專案等。謝謝！

基本資料

姓名：________先生／小姐

婚姻狀況：□已婚 □未婚　職業：□學生 □公教 □上班族 □家管 □其他

出生：民國________年________月________日

電話：（公）________（宅）________（手機）________

e-mail：________

聯絡地址：________

1.您所購買的書名：**管家琪教作文——創意作文10課通**

2.您通常以何種方式購書？：□1.書店買書 □2.網路購書 □3.傳真訂購 □4.郵局劃撥
（可複選）□5.幼獅門市 □6.團體訂購 □7.其他

3.您是否曾買過幼獅其他出版品：□是，□1.圖書 □2.幼獅文藝 □3.幼獅少年
□否

4.您從何處得知本書訊息：□1.師長介紹 □2.朋友介紹 □3.幼獅少年雜誌
（可複選）□4.幼獅文藝雜誌 □5.報章雜誌書評介紹________報
□6.DM傳單、海報 □7.書店 □8.廣播(　　)
□9.電子報、edm □10.其他________

5.您喜歡本書的原因：□1.作者 □2.書名 □3.內容 □4.封面設計 □5.其他

6.您不喜歡本書的原因：□1.作者 □2.書名 □3.內容 □4.封面設計 □5.其他

7.您希望得知的出版訊息：□1.青少年讀物 □2.兒童讀物 □3.親子叢書
□4.教師充電系列 □5.其他

8.您覺得本書的價格：□1.偏高 □2.合理 □3.偏低

9.讀完本書後您覺得：□1.很有收穫 □2.有收穫 □3.收穫不多 □4.沒收穫

10.敬請推薦親友，共同加入我們的閱讀計畫，我們將適時寄送相關書訊，以豐富書香與心靈的空間：

(1)姓名________e-mail________電話________
(2)姓名________e-mail________電話________
(3)姓名________e-mail________電話________

11.您對本書或本公司的建議：

廣　告　回　信
台北郵局登記證
台北廣字第942號

請直接投郵　免貼郵票

10045　台北市重慶南路一段66-1號3樓

幼獅文化事業股份有限公司

請沿虛線對折寄回

客服專線：02-23112832分機208　傳真：02-23115368

e-mail：customer@youth.com.tw

幼獅樂讀網http：//www.youth.com.tw